Carl Wilhelm Scheele

Chemische Abhandlung von der Luft und dem Feuer

Carl Wilhelm Scheele

Chemische Abhandlung von der Luft und dem Feuer

ISBN/EAN: 9783744634564

Hergestellt in Europa, USA, Kanada, Australien, Japan

Cover: Foto ©berggeist007 / pixelio.de

Weitere Bücher finden Sie auf **www.hansebooks.com**

Chemische Abhandlung

von

DER LUFT UND DEM FEUER

von

CARL WILHELM SCHEELE,

Mitglied der königl. schwed. Akademie der Wissenschaften.

1777.

Herausgegeben

von

W. Ostwald.

Mit 5 Textfiguren.

LEIPZIG

VERLAG VON WILHELM ENGELMANN

1894.

Vorrede.

Die Untersuchung der Luft ist jetziger Zeit ein wichtiger Gegenstand der Chemie. Es ist auch dieses elastische Fluidum mit so vielen besondern Eigenschaften begabet, dass es demjenigen, so Hand an solche Versuche leget, Stoff genug zu neuen Entdeckungen darbiethen kann. Das wunderbare Feuer, dieses Prodnkt der Chemie, zeiget uns, dass solches ohne Luft nicht kann erzeuget werden, und sollte ich wohl fehlen, wenn ich in dieser Abhandlung, welche nur als ein Versuch einer chemischen Feuerlehre anzusehen, mir unternommen Beweise anzuführen, dass eine in unsere Atmosphäre vorhandene Luft als ein wahrer Bestandtheil des Feuers zu betrachten sey, und demnach materialiter zu der Flamme contribuire, deswegen ich auch solche Luft die Feuerluft genennet habe? Gewiss, ich werde nicht so verwegen seyn, und dieses meinen Lesern zu glauben aufdringen. Nein, es sind deutliche Versuche, welche für die Sache reden, Versuche, welche ich mehr als nur einmal [8] angestellet, und in welchen ich meine Absicht, das Feuer so deutlich als nur möglich kennen zu lernen, wo ich nicht fehle, nahe genug erreichet habe, und dieses ist der Lohn, den ich für meine Arbeit erhalten, und welcher mir ein rechtes Vergnügen verursachet, so ich unmöglich für mich allein behalten kann. Dieses ist auch die Absicht und keine andere, warum ich meinen Lesern diese Arbeit bekannt mache. Ich hatte bereits den Haupttheil dieser Versuche ausgearbeitet, als ich die schönen Erfahrungen des Herrn Priestleys zu Gesichte bekam, und obgleich Meyers

Theorie nur wenig Beyfall findet, so behalten doch seine
Versuche allemal ihren Werth. Es würde auch dieser arbeit-
same Mann seine Meinung gewiss geändert haben, wenn Er
nur einen deutlichen Begriff von der fixen Luft oder der
Blackischen Theorie bekommen hätte. Da aber solche zu der
Zeit noch nicht so vollkommen ausgearbeitet war, so darf
man sich nicht wundern, dass Er der alten Meinung noch
folgte und annahm, dass die reinen Laugensalze und absorbirende Erden mit den Säuren aufbrausen müssten. Bin ich
in dieser Abhandlung mit meinen chemischen Versuchen zu
weit gegangen? Mir deucht, [9] ich höre schon diesen Vorwurf. Allein ich glaube, dass man nur alsdann dieser Wissenschaft Gränzen vorschreiben kann, wenn sie gar kein materialisches Wesen vor sich findet; und wer will beweisen, dass
das Licht und die Wärme nicht unter die Zahl der Körper
gehören. Denn obgleich beyde so überaus zart und fein sind,
so wird man doch aus meinen Erfahrungen hoffentlich so viel
schliessen können, dass sie aus Stoffen von zweyerley Art
ihren Ursprung nehmen, (folglich unmöglich, sowohl als die
Luft, für Elemente können angenommen werden) und durch
die so unbegreiflichen Wirkungen der Natur, die Anziehungskräfte sehr oft in ihre Bestandtheile wieder aufgelöset werden;
denn wenn dieses nicht wäre, so hätte man hinlänglichen
Grund zu fragen: Woher denn alle Feuerluft entstehe, da
doch alle Augenblicke solche von den Thieren sowohl verdorben, als auch in Luftsäure[1]) verändert wird, und zu der
Zusammensetzung des Feuers nothwendig ist?

Ob ich in meinen Muthmassungen von den Bestandtheilen
der Erdarten fehle, oder der Wahrheit nahe bin, wird die
Zeit lehren; doch halte ich [10] dafür, dass man berechtiget
ist, meine Meinung für mehr als eine blosse Hypothese anzusehen, weil sie sich auf wirkliche Erfahrungen gründet,
und ich als für gewiss annehme, dass das reine Wasser an
und für sich selbst, weder durch die Kunst, noch durch die
Natur, in eine trockene Materie verkehret werden kann,

welche alle Eigenschaften einer wahren Erde hat. Ich weiss
gar wohl, dass man aus dem Wasser, durch oft wiederholte
Destillationen, wie auch durch die Trituration, eine Erde
erhalten hat. Dieses war mir nicht genug nur allein zu
lesen, ich musste solche höchstwunderliche Verwandlung auch
mit Augen sehen[2]: Ich nahm ein halb Loth destillirtes Schnee-
wasser, goss solches in einen kleinen gläsernen Kolben, welcher wie ein Ey gestaltet war, auch dieselbige Grösse hatte
und mit einem schmalen, einer Elle langen Halse versehen
war, liess das Wasser darinnen aufkochen, und vermachte
ihm sogleich mit einem genau schliessenden Kork; darauf hing
ich diesen Kolben über eine brennende Lampe auf, und unterhielt das Wasser zwölf Tage und Nächte in beständigem
Kochen: wie es zwey Tage gekocht, hatte es ein etwas weiss-
liches Ansehen erhalten; nach sechs Tagen war [11] das
Wasser wie Milch, und am zwölften Tag schien es schon dick
zu seyn. Wie nun alles kalt geworden, liess ich den Kolben
stille stehen, damit sich das weisse Pulver setzen konnte,
welches erstlich in Zeit von zweyen Tagen geschah; darauf
goss ich das Wasser klar ab, welches folgende Eigenschaften
hatte: Mit Salmiak gemischet, machte es das flüchtige Alkali
los: wurde vom Acido Vitrioli coaguliret; präcipitirte die
metallische Auflösungen; machte den Veilchensyrup grün; und
an freyer Luft gelatinirte dieses Wasser. Die sehr zarte und
weisse Erde verhielt sich wie Kiesel mit sehr wenig Kalk
gemischet. Den Kolben zerschlug ich, und fand die inwen-
dige Fläche, so weit als das kochende Wasser gestanden,
matt und ohne Glanz, welches man aber nur alsdann sehen
konnte, wenn das Glas trocken war. Konnte ich wohl noch
länger zweifeln, dass das Wasser durch das beständige Kochen
das Glas decomponiren kann? Habe ich nicht hier einen rechten
Liquor Silicum? Die Erde, so ich erhielt, war also von nichts
weniger als von meinem Wasser entstanden. Nicht besser
gieng es mir, nachdem ich etwas destillirtes Wasser zwey
Stunden in einen polirten gläsernen [12] Mörser gerieben hatte.

Hier bekam das Wasser eine Milchfarbe. Nachdem die weisse Materie sich zu Boden gesetzet hatte, goss ich das Wasser ab, welches sich wie reines Wasser verhielt, und keine Spur von Alkali zeigte. Die weisse Erde aber war nichts anders als zart pulverisirtes Glas.

Ich habe nichts weiter hinzuzusetzen, als dass verschiedene Druckfehler, sowohl in Ansehung der Sprache als wegen Entfernung des Druckortes, eingeschlichen sind; welche jedoch sowohl die Hauptsache als den Verstand davon hoffentlich nicht verdunkeln werden.

[1] Chemische Abhandlung von der Luft und dem Feuer

von

Carl Wilhelm Scheele.

---

§ 1.

Die Körper geschickt in ihre Bestandtheile zu zerlegen, deren Eigenschaften zu entdecken, und sie auf verschiedene Art zusammen zu setzen, ist der Gegenstand und Hauptzweck der ganzen Chemie.

Wie schwer es aber sey dergleichen Ausübungen mit der grössten Genauigkeit ins Werk zu stellen, dieses kann nur demjenigen fremd sein, der diese Beschäftigung entweder niemals oder doch nicht mit genugsamer Aufmerksamkeit unternommen hat.

§ 2.

Bisher sind die chemischen Naturforscher noch nicht einig, aus wie viel einfachen Anfängen oder Grundstoffen jedweder Körper zusammen gesetzt ist. In der That, es ist diese eine der schwersten Aufgaben; [2] ja einige halten dafür, dass die Elemente der Körper auszuforschen gar keine Hoffnung mehr übrig sei. Schlechter Trost für die, welche ihr grösstes Vergnügen in Untersuchung der natürlichen Dinge zu haben glauben! Weit gefehlt, wenn man die Chemie, diese so edle Wissenschaft, in so enge Grenzen einzuschränken sucht! Andere glauben, dass die Erde und das Phlogiston diejenigen sind, aus welchen die ganze körperliche Natur ihren Ursprung genommen hat. Die meisten scheinen den peripatetischen Elementen [3] gänzlich zugethan zu sein.

§ 3.

Ich muss gestehen, dass ich nicht wenig Mühe dieser Sache halber angewandt, um einen deutlichen Begriff davon zu erhalten. Billig muss man über die vielen Ideen und Muthmaassungen, welche Schriftsteller in dieser Materie aufgezeichnet haben, erstaunen, insonderheit wenn sie über die Erklärungen der feurigen Erscheinung einen Ausspruch thun, und eben hierum war es mir am meisten zu thun. Ich sah die Nothwendigkeit ein, das Feuer zu kennen, weil ohne dieses kein Versuch anzustellen und keines Auflösungsmittels Würkung ohne Feuer und Wärme auszuüben möglich ist. Ich fieng also an alle Erklärungen vom Feuer an die Seite zu setzen; ich nahm eine Menge von Versuchen über mich, um diese so herrliche Erscheinung so viel als möglich auszugründen. Ich [3] merkte aber bald, dass man ohne die Erkenntniss der Luft über die Erscheinungen, welche das Feuer darbietet, kein wahres Urtheil fällen könnte. Ich sah nach einer angestellten Reihe von Versuchen, dass die Luft wirklich in die Mischung des Feuers eingehe und ein Bestandtheil der Flamme und der Funken mit ausmache. Ich lernte also, dass eine Abhandlung vom Feuer, wie diese, ohne die Luft mit in Erwägung zu ziehen, nicht mit gebührender Gründlichkeit könne abgefasset werden.

§ 4.

Die Luft ist dasjenige flüssige unsichtbare Wesen, welches wir beständig einathmen, den Erdboden allenthalben umgiebt, sehr elastisch ist, und eine Schwere besitzet. Sie ist beständig mit einer erstaunlichen Menge von allerley Ausdünstungen angefüllet, welche darinnen so zart zertheilt, dass sie auch in den Sonnenstrahlen kaum sichtbar sind. Unter diesen fremden Theilchen haben die Wasserdünste beständig das Übergewicht. Es ist aber die Luft auch noch mit einem andern elastischen luftähnlichen Körper vermischt, welcher in vielen Eigenschaften von selbiger abweicht und von dem Herrn Professor *Bergmann* Luftsäure, und zwar mit gutem Grunde genennet wird. Sie hat ihr Daseyn von denen durch die Fäulung oder Verbrennung zerstöhrten organisirten Körpern.

[4] § 5.

Nichts hat denen Naturkennern seit einigen Jahren mehr
zu schaffen gemacht, als eben diese zarte Säure oder sogenannte fixe Luft. Zwar ist es nicht zu wundern, dass die
Vernunftschlüsse, welche man aus den Eigenschaften dieser
elastischen Säure herleitet, nicht allen, welche von vorher
gefassten Meinungen eingenommen, günstig sind. Diese Ver-
fechter der paracelsischen Lehre glauben, dass die Luft an
und für sich unveränderlich ist, und mit Hales, dass sie sich
zwar mit Körpern verbinde, alsdann ihre Elasticität verliere,
aber ihre vorige Natur wieder erhalte, sobald sie durch Feuer
oder Gährung davon getrieben werde. Da sie aber sehen,
dass diese hervorgekommne Luft, mit ganz andern Eigenschaften als die gemeine Luft, begabet ist, so schliessen sie
ohne Erfahrungsbeweise, dass diese Luft sich mit fremden
Materien verbunden habe, und dass man solche Luft durch
Schütteln und Filtriren mit unterschiedlichen Flüssigkeiten,
von solchen beigemischten fremden Theilchen reinigen müsse.
Ich glaube dass man kein Bedenken tragen würde, wenn man
nur mit Versuchen deutlich darthun könnte, dass eine gegebene Menge Luft durch Zumischung fremder Materien gänzlich in fixe oder andere Art Luft zu verwandeln stehe; da
aber solches noch nicht geschehen, so hoffe ich nicht zu fehlen,
wenn ich so viele Arten Luft annehme, als die Erfahrung
mir zeiget. Denn habe ich ein elastisches Fluidum gesammlet,
und bemerke an [5] selbigem, dass dessen Ausdehnungskraft von
der Wärme vermehret und von der Kälte vermindert wird,
dabey aber doch beständig seine elastische Flüssigkeit behält,
finde aber auch an selbigem andere Eigenschaften und Verhalten, als an der gemeinen Luft, so halte ich mich für berechtiget zu glauben, dass dieses eine besondere Luftart sey.
Ich sage, dass solche gesammlete Luft auch in der grössten
Kälte ihre Elasticität behalten muss: weil freylich sonst eine
unzählige Menge Luftarten genommen werden müssten, da es
sehr wahrscheinlich ist, dass alle Körper bey einer über-
mässigen Hitze in einen luftähnlichen Dunst können verwandelt werden.

§ 6.

Körper, welche der Fäulung oder Zerstöhrung durchs
Feuer unterworfen sind, vermindern und verschlingen gleichsam

einen Theil Luft; zuweilen geschiehet es, dass sie die Luft-masse merklich vermehren, und endlich eine gegebene Menge Luft weder vermehren noch vermindern: Erscheinungen, welche gewiss merkwürdig sind. Muthmaassungen können hier nichts gewisses bestimmen; zum wenigsten können sie einem chemischen Naturforscher, der seine Beweise in Händen haben will, nur einen geringen Trost zuwege bringen. Wer siehet nicht hier die Nothwendigkeit, Versuche anzustellen, um Licht in diesem Geheimniss der Natur zu bekommen.

[6] § 7.

Allgemeine Eigenschaften der gewöhnlichen Luft.

1) Das Feuer muss eine gewisse Zeit in einer gegebenen Menge Luft brennen. 2) Wenn dieses Feuer während dem Brennen, kein, dem Ansehen nach, der Luft ähnliches Fluidum von sich giebt, so muss diese Luftmenge, nachdem das Feuer von selbsten ausgelöscht, zwischen dem dritten und vierten Theil verringert sein. 3) Muss sie sich mit dem gemeinen Wasser nicht verbinden. 4) Alle Arten von Thieren müssen eine gewisse Zeit in einer verschlossenen Menge Luft leben. 5) Saamen, als z. E. Erbsen, müssen in einer gegebenen Menge gleichfalls verschlossener Luft, durch Hülfe etwas Wassers und einer mittelmässigen Wärme, sowohl Wurzel schlagen als auch eine gewisse Höhe erreichen.

Wenn ich folglich eine dem äusserlichen Ansehen nach der Luft ähnliche Flüssigkeit habe, und finde, dass diese die angeführten Eigenschaften nicht hat, oder dass ihr auch nur eine fehlen sollte, so halte mich für überzeugt, dass es nicht die gewöhnliche Luft sei.

[7] § 8.

Die Luft muss aus elastischen Flüssigkeiten von zweyerley Art, zusammengesetzet seyn.

Erster Versuch.

Ich solvirte eine Unze alkalische Schwefelleber in acht Unzen Wasser, von dieser Auflösung goss ich vier Unzen in eine ledige Bouteille, welche vierundzwanzig Unzen Wasser enthalten konnte, und vermachte selbige mit einem Kork aufs genaueste; darauf wendete ich die Bouteille um, und setzte den Hals in ein kleines Gefäss mit Wasser; in dieser Stellung liess ich sie vierzehen Tage stehen. Während dieser Zeit hatte die Auflösung einen Theil von ihrer rothen Farbe verlohren, hatte auch etwas Schwefel fallen lassen: nachgehends nahm ich diese Bouteille und hielt sie in eben solcher Stellung in ein grösser Gefäss mit Wasser, so, dass der Kopf unter der Wasserfläche und der Boden über der Fläche war, und zog den Kork unter dem Wasser aus; alsbald stieg das Wasser mit Heftigkeit in die Bouteille; ich vermachte die Bouteille wieder, zog selbige aus dem Wasser, und wog die in ihr enthaltene Flüssigkeit. welche zehen Unzen war; ziehet man die vier Unzen Schwefelauflösung davon ab, so restieren sechs Unzen; folglich erhellet aus diesem Versuche, dass sechs Theile von zwanzig Theilen Luft, in vierzehen Tagen verlohren gegangen [4]).

[8]   § 9.

Zweiter Versuch.

a) Ich wiederholte vorhergehenden Versuch mit selbiger Menge Schwefelleber, blos mit dem Unterschiede, dass ich die Bouteille genau zugemacht nur eine Woche stehen liess. Darauf fand ich, dass nur vier Theile Luft von 20 Theilen waren verlohren gegangen. b) Ein andermal liess ich eben diese Bouteille vier Monate stehen; die Solution behielt noch eine etwas dunkelgelbe Farbe. Allein es war nicht mehr Luft als in dem ersten Versuch, nemlich sechs Theile verlohren.

§ 10.

Dritter Versuch.

Ich mischte zwey Unzen kaustische Lauge, welche von Weinsteinalkali [5]) und ungelöschten Kalk bereitet, auch das Kalkwasser nicht präcipitirte, mit einer halben Unze der vorigen Schwefelauflösung, welche ebenfalls das Kalkwasser nicht präcipitirte. Diese Mischung hatte eine gelbe Farbe. Ich goss sie in die vorige Bouteille, und nachdem diese vierzehen Tage wohl zugestopft gestanden, fand ich diese Mischung gänzlich ohne Farbe, auch ohne Bodensatz. Dass die Luft in dieser Bouteille gleichfalls abgenommen, konnte ich daraus schliessen, weil die Luft, nachdem eine kleine Öffnung im Korke gemacht hatte, mit Zischen in die Bouteille fuhr.

[9] § 11.

Vierter Versuch.

a) Ich nahm vier Unzen von einer Auflösung des Schwefels in Kalkwasser: diese Solution goss ich in eine Bouteille und vermachte sie genau. Nach vierzehn Tagen war die gelbe Farbe verschwunden, und waren vier Theile Luft von zwanzig Theilen verlohren gegangen. Die Auflösung enthielt keinen Schwefel, hatte aber ein Pulver fallen lassen, welches grösstentheils Gyps war. b) Die flüchtige Schwefelleber verringert gleichfalls den Umfang der Luft. c) Der Schwefel aber und der flüchtige Schwefelspiritus, leiden in ihr keine Änderung.

§ 12.

Fünfter Versuch.

Ich hieng leinene Lappen, welche in eine Auflösung von Weinsteinkali getaucht waren, über brennenden Schwefel auf. Nachdem das Laugensalz mit der flüchtigen Säure saturiret war, legte ich die Lappen in einen Kolben und vermachte die Mündung mit einer nassen Blase aufs Beste. Nach drei Wochen fand ich die Blase stark niedergedruckt; ich wendete den Kolben um, hielt die Mündung in Wasser und stach ein Loch in die Blase; das Wasser stieg darauf mit Heftigkeit in den Kolben und füllete den vierten Theil.

[10] § 13.

Sechster Versuch.

Ich habe die Salpeterluft, welche von der Auflösung der Metalle in der Salpetersäure entstehet, in einer Blase gesammlet, und nachdem ich die Blase fest zugeschnürt hatte, legte ich sie in einen Kolben, und verwahrte die Öfnung mit einer nassen Blase sehr genau. Die Salpeterluft verlohr nach und nach ihre Elasticität, die Blase fiel zusammen.

wurde gelb und gleichsam vom Scheidewasser zerfressen. Nach vierzehn Tagen stach ich ein Loch in die über den Kolben gebundene Blase, nachdem ihn zuvor umgewand unterm Wasser hielte: das Wasser stieg geschwind im Kolben und er blieb nur $2/_3$ ledig.

§ 14.

Siebender Versuch.

a) Ich steckte die Mündung eines Kolbens in ein Gefäss mit Terpentinöl. Das Öl stieg alle Tage einige Linien im Kolben, nach Verlauf von vierzehn Tagen war der vierte Theil des Kolbens damit angefüllet; ich liess ihn noch drei Wochen stehen, das Öl stieg aber nicht höher. Diese Eigenschaft haben alle diejenigen Öle, welche in der Luft trocken und in harzige Materien verwandelt werden. Es steigen aber das Terpentin- und Leinöl eher in die Höhe, wenn der Kolben mit einer concentrirten scharfen Lauge vorhero ausgeschwenket [11] wird. b) Ich goss zwey Unzen von einem ungefärbten und wasserklaren Thieröl des Dippels [6] in eine Bouteille und verstopfte selbige sehr genau; nach Endigung zweyer Monate war das Öl dick und schwarz: darauf hielt ich die Bouteille umgewandt unter Wasser und zog den Kork heraus; alsobald wurde die Bouteille um einen vierten Theil mit Wasser gefüllet.

§ 15.

Achter Versuch.

a) Ich solvirte zwei Unzen Eisenvitriol in zweyunddreissig Unzen Wasser, diese Auflösung präcipitirte ich mit einer kaustischen Lauge. Nachdem der Präcipitat sich gesetzet hatte, goss ich das Klare ab, und den erhaltenen dunkelgrünen Eisenpräcipitat that ich, zugleich mit dem noch zurückgebliebenen Wasser, in die vorerwähnte Bouteille (§ 8), und verstopfte sie genau. Nach vierzehn Tagen (in welcher Zeit ich diese Bouteille zum öftern schüttelte) hatte dieser grüne Eisenkalch die Farbe des Eisensafrans erhalten, und waren zwölf Theile von vierzig Theilen Luft verlohren gegangen. b) Wird Eisenfeil mit etwas Wasser angefeuchtet und in einer Bouteille wohl vermacht einige Wochen aufbehalten, so gehet

ebenfalls ein Theil Luft verlohren. c) Die Auflösung des
Eisens in Essig, hat die nehmliche Wirkung an der Luft.
Hier lässt der Essig sein aufgelöstes Eisen in der Gestalt
eines gelben Croci fallen, und wird von diesem Metalle gänz-
[12] lich entlediget.   d) Die Kupfersolution, welche in verschlossenen Gefässen mit Salzgeiste bereitet worden ist[7],
vermindert die Luft gleichfalls.   In keiner von den vorhergehenden Luftarten kann irgend ein Licht brennen, noch der
geringste Funke erscheinen.

§ 16.

Man siehet aus diesen Erfahrungen, dass bey jedem Versuche das Phlogiston[8], dieser einfache brennbare Grundstoff,
zugegen ist.   Man weiss, dass die Luft das Brennbare der
Körper stark an sich ziehet und selbiges ihnen raubet: dieses
ist nicht allein aus angeführten Versuchen zu sehen, sondern
es erhellet zugleich, dass bey dem Übergange des Brennbaren
in die Luft ein merklicher Theil Luft verlohren gehe: dass
aber das Brennbare allein die Ursache dieser Wirkung ist,
ist daraus offenbar, weil nach dem zehnten § gar keine Spur
von Schwefel übrig ist: denn diese ungefärbte Lauge enthält
zufolge meiner Versuche blos etwas vitriolisirten Weinstein[9].
Der 11te § zeiget solches gleichfalls.   Da aber der Schwefel
für sich, wie auch der flüchtige Schwefelspiritus keine Wirkung auf die Luft haben (§ 11 c), so ist deutlich, dass die
Decomposition der Schwefelleber nach den Gesetzen einer
doppelten Verwandtschaft geschehe, nehmlich dass die Laugensalze und der Kalch die Schwefelsäure und die Luft das
Phlogiston des Schwefels anziehen.

[13] Es ist auch aus obigen Versuchen zu sehen, dass
eine gegebene Menge Luft sich nur mit einer gewissen Menge
vom brennbaren Wesen verbinden und gleichsam saturiren
kann, dieses erhellet aus dem 9ten § lit. b.   Ob aber das
von den Körpern verlohren gegangene Phlogiston, noch in der
Luft, welche in der Bouteille zurückgeblieben war, vorhanden, oder ob die verlohren gegangene Luft, mit denen Materien, als Schwefelleber, Ölen, sich verbunden und figiret
hat? Dieses sind Fragen von Wichtigkeit.

Aus der erstern Frage müsste folgen: dass das Brennbare die Eigenschaft hätte, der Luft einen Theil ihrer Elasticität zu rauben und demnach von der äussern Luft näher

zusammen gedrucket werde. Um mir nun aus diesen Unge-
wissheiten auszuhelfen, so glaubte ich, dass eine solche Luft
specifisch schwerer als die allgemeine seyn müsste, sowohl
wegen des in sich habenden Phlogistons, als auch einer
grössern Dichtigkeit. Allein, wie wurde ich bestürzt, als
ich sah, dass ein sehr dünner Kolben, welcher mit dieser
Luft gefüllet und auf das genaueste gewogen, nicht allein mit
einer gleicher Menge ordinärer Luft die Waage hielt, sondern
auch noch etwas leichter war. Ich gedachte also, dass letztere
Frage wohl statt haben könnte; es müsste aber auch alsdann folgen, dass die verlohren gegangene Luft aus den dazu
gebrauchten Materien wieder könne ausgeschieden werden.
Keiner von den angeführten Versuchen schien mir dieses deutlicher [**14**] zeigen zu können, als der nach dem 10ten §.
weil dieses Residuum, wie bereits angeführet, aus vitriolisirtem
Weinstein und Laugensalz bestehet. Um nun zu sehen, ob die
verlohren gegangene Luft in eine fixe verwandelt worden, so
versuchte ich, ob sich selbige zeigte, wenn von dieser kaustischen Lauge etwas in Kalchwasser gegossen würde: allein ver-
gebens, es geschah keine Präcipitation. Ich habe zwar auf
mehrere Arten versucht, die verlohren gegangene Luft aus
dieser alkalischen Mischung wieder zu erlangen, aber da der
Erfolg mit dem vorhergehenden gleich war, so will ich, um
Weitläufigkeit zu vermeiden, diese Versuche nicht anführen.
So viel sehe ich aus angeführten Versuchen, dass die Luft
aus zwey von einander unterschiedenen Flüssigkeiten bestehe,
von welchen die eine die Eigenschaft, das Phlogiston anzuziehen, gar nicht äussere, die andere aber zur solchen Attraction eigentlich aufgeleget ist, und welche zwischen dem dritten
und vierten Theil von der ganzen Luftmasse ausmacht. Wo
aber diese letztere Art Luft, nachdem sie sich mit dem Brennbaren verbunden, hingekommen, ist eine Frage, welche durch
fernere Versuche und nicht mit Muthmaassungen muss ent-
schieden werden.

Nun wollen wir sehen, wie sich die Luft gegen die brennbaren Körper, wenn sie in die feurige Bewegung gerathen,
verhält. Erstlich wollen wir dasjenige Feuer betrachten, welches keine luftähnliche Flüssigkeit während dem Brennen von
sich giebt.

Erster Versuch.

§ 17.

In einen dünnen Kolben, welcher dreissig Unzen Wasser enthalten konnte, legte ich neun Gran Urinphosphorus, und vormachte dessen Mündung auf das Genaueste. Darauf erhitzte ich die Stelle des Kolbens, wo der Phosphorus lag, mit einem brennenden Licht: der Phosphorus fieng an zu schmelzen und gleich darauf entzündete er sich, der Kolben wurde mit einem weissen Nebel angefüllet, welcher sich an die Wände wie weisse Blumen anlegte; dieses war die trockne Säure des Phosphori. Nachdem der Kolben wiederum kalt geworden war, hielt ich ihn umgewandt unter Wasser und öfnete ihn: kaum war dieses geschehen, so drückte die äussere Luft das Wasser in den Kolben; dieses Wasser war neun Unzen.

Zweiter Versuch.

§ 18.

Als ich in eben diesen Kolben einige Stücke Phosphorus legte, und ihn vermacht sechs Wochen stehen liess, oder so lange bis er nicht mehr leuchtete, fand ich, dass $1/3$ Luft war verlohren gegangen.

Dritter Versuch.

§ 19.

In ein Glas, welches zwei Unzen Wasser enthalten konnte, legte ich drey Theelöffel voll Eisenfeilspäne, [16] hierzu goss ich eine Unze Wasser, und mischte nach und nach eine halbe Unze Vitriolöl hinzu. Es entstund eine heftige Erhitzung und Gährung. Als der Schaum sich etwas gelegt hatte, steckte ich einen genau schliessenden Korkstöpsel ins Glas, durch welchen vorhero eine gläserne Röhre gestecket hatte. *A* (Fig. 1.) Dieses Glas stellte ich in ein Gefäss voll heissen Wassers. *B. B.* (kalt Wasser würde die Auflösung sehr verhindern) darauf fuhr ich mit einem brennenden Licht gegen die Oefnung der Röhre, alsobald entzündete sich die brennende Luft und brannte mit einer kleinen gelbgrünlichen Flamme; sobald dieses geschehen, nahm ich einen kleinen Kolben, welcher zwanzig

Unzen Wasser enthalten konnte C und hielt selbigen so tief ins Wasser, dass die kleine Flamme mitten im Kolben zu stehen kam: sogleich fieng das Wasser an, allmählig im Kolben zu steigen, und wie es die Höhe bei D erreichet hatte, verlosch die Flamme; gleich darauf fieng das Wasser an wieder nieder zu sinken, und wurde gänzlich aus dem Kolben getrieben. Der Raum im Kolben bis D enthielt vier Unzen, also war der fünfte Theil Luft ver-lohren gegangen. Ich goss einige Unzen Kalchwasser in den Kolben, um zu sehen, ob auch während dem Brennen etwas Luftsäure hervorgekommen, ich fand aber dergleichen nicht. Mit Zink-feil habe eben diesen Versuch ange-stellet, welcher sich in allen Stücken mit jetzt erwähnten gleich verhielt. Die Bestandtheile dieser brennenden Luft werde weiter [17] hin beweisen; denn obwohl aus diesen Versuchen zu

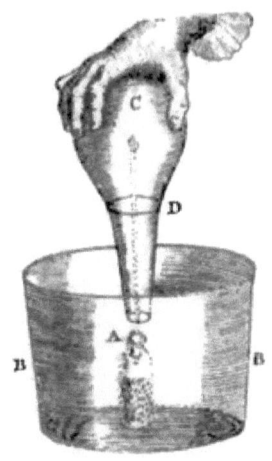

Fig. 1.

folgen scheinet, dass es blos Phlogiston ist, so sind doch an-dere Erfahrungen dagegen.

Nun wollen wir das Verhalten der Luft gegen dasjenige Feuer sehen, welches während dem Brennen ein luftähnliches Fluidum von sich giebt.

Vierter Versuch.

§ 20.

Es ist zwar bekannt, dass die Flamme eines Lichtes die Luft absorbiret; allein, da es sehr schwer und kaum möglich ist, in einem verschlossenen Kolben ein Licht anzuzünden, so wurde erstlich folgender Versuch angestellet: Ich setzte ein brennendes Licht in eine Schüssel voll Wasser, darauf setzte ich einen umgewendeten Kolben über dieses Licht: alsobald stiegen grosse Luftblasen aus dem Wasser, welche von der durch die Hitze ausgedehnten Luft im Kolben verursachet wur-den; als die Flamme etwas kleiner wurde, fieng das Wasser an im Kolben zu steigen; nachdem sie verloschen und der Kolben kalt geworden war, fand ich den vierten Theil mit

Wasser angefüllet. Dieser Versuch war mir sehr undeutlich,
weil ich nicht versichert war, ob nicht dieser vierte Theil
Luft durch die Hitze der Flamme ausgetrieben worden, da
denn nothwendig die äussere auf dem Wasser liegende Luft,
nachdem der Kolben kalt geworden, das Gleichgewicht wieder
sucht, und so viel Wasser in den Kolben druckt, als vorhero
[18] Luft durch die Hitze ausgetrieben worden. Ich stellte
also folgenden Versuch an.

Fünfter Versuch.

§ 21.

a) Auf dem Boden der Schüssel *A* (Fig. 2) drückte ich
eine aus Wachs, Harz und Terpenthin zusammen geschmolzene
zähe Masse, zwei Finger dick: in der Mitte befestigte ich

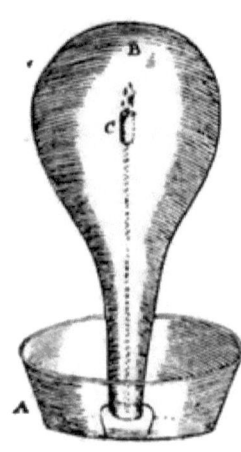

einen dicken eisernen Drath, welcher
bis in die Mitte des Kolbens *B* reichte:
auf die Spitze dieses Drathes *C* steckte
ich ein schmahles Wachslicht, dessen
Docht ich aus drey zarten Zwirnfäden
zusammen geschnürt hatte; darauf zündete ich dieses Licht an und setzte zugleich den Kolben *B* umgewand darüber;
da ich ihn denn sehr tief in die Masse
eindrückte; sobald dieses geschehen, goss
ich die Schüssel voll Wasser. Nachdem
die Flamme verloschen und alles vollkommen kalt geworden war, öfnete ich
den Kolben in selbiger Stellung unter
dem Wasser; da stiegen zwey Unzen
Wasser hinein; der Kolben hielt 160
Unzen Wasser. Demnach fehlet hier so
viel Luft als zwey Unzen Wasser Raum

Fig. 2.

einnehmen. Ist diese Luft durch das Brennbare absorbiret
worden, oder hat die Hitze dieser kleinen Flamme sie ausgetrieben, noch eher als ich den Kolben in die zähe Masse
habe eindrucken können? Es scheint hier letzteres Statt zu
haben, welches ich aus folgendem schliesse: Ich nahm einen
kleinen Kolben, welcher zwanzig [19] Unzen Wasser fassen
konnte; in diesem liess ich ein Licht wie in vorhergehenden
brennen. Nachdem alles kalt geworden war, öfnete ich diesen

Kolben gleichfalls unter dem Wasser, da denn ebenfalls bey-
nahe zwey Unzen hineinstiegen. Wären nun die vorigen zwey
Unzen Luftraum absorbiret worden, so müsste hier in diesem
Versuch nur zwei Drachmen Luftraum absorbiret worden seyn.

b) Ich wiederholte vorhergehenden Versuch mit den
grossen Kolben, nach eben der Art, ausser dass ich statt des
Lichtes Weingeist gebrauchte. Ich stach nehmlich drey eiserne
Drathe, welche gleich lang waren und bis in die Mitte des
Kolbens reichten, in die auf den Boden der Schüssel festge-
drückte zähe Masse; auf diese Drathe legte ich ein vier-
eckigtes Blech, und auf dieses setzte ich ein kleines Gefäss,
in welches Weingeist gegossen war; ich zündete diesen an
und setzte den Kolben darüber. Nach dem Erkalten sahe
ich, dass drey Unzen Luftraum durch die Hitze der Flamme
ausgetrieben worden war.

c) Auf eben dieses Gestell legte ich einige kleine glüende
Kohlen, und liess sie auf selbige Art unter dem Kolben auslöschen. Ich fand nach dem Erkalten, dass die Kohlenhitze
drey und eine halbe Unze Luftraum ausgetrieben hatte.

Diese Versuche scheinen zu beweisen, dass der Ueber-
gang des Phlogistons in der Luft nicht allemal dessen Umfang verringert, welches doch die [20] von §§ 8—16 angeführten Versuche deutlich zeigen. Allein folgendes wird
lehren, dass derjenige Theil Luft, welcher mit dem Brennbaren sich vereiniget und gleichsam dadurch absorbiret worden, durch die von neuem hervorgekommne Luftsäure wiederum
ersetzet worden.

Sechster Versuch.

§ 22.

Ich goss in einen jeden Kolben, nachdem das Feuer in
vorerwehnten Versuchen (§ 21 a, b, c) ausgebrannt und alles
kalt geworden, sechs Unzen Kalchmilch, (Kalchwasser, welches
mehr von ungelöschtem Kalch in sich hat, als das Wasser auflösen kann), darauf legte ich die Hand fest auf die Oefnung
eines solchen Kolbens und schwenkte ihn unterschiedliche mal
auf und nieder; alsdann hielt ich diesen Kolben unterm Wasser,
und liess die Hand auf der einen Seite ein wenig zurücke,
damit eine kleine Oefnung werden möchte. Sogleich stieg
das Wasser im Kolben hinein. Darauf verwahrete ich die

Mündung wieder mit der Hand unter dem Wasser sehr genau,
und schüttelte ihn nachgehends in der Luft einige mal auf
und nieder. Ich öfnete ihn abermal unter dem Wasser;
diese Arbeit wiederholte ich noch ein Paar mal, bis kein
Wasser mehr in den Kolben steigen wollte, oder keine Luftsäure mehr in dem Kolben vorhanden war. Ich sah also,
dass bey jedem Versuch zwischen [21] sieben und acht Unzen
Wasser in den Kolben heraufstiegen; folglich ist der zehnte
Theil Luft verlohren gegangen. Dieses wäre nun zwar etwas;
allein da bei dem Verbrennen des Phosphorus (§ 17) beinahe
der dritte Theil Luft verlohren gieng, so muss wohl noch eine
andere Ursache zugegen sein, warum auch hier nicht so viel
absorbiret wird. Es ist bekannt, dass ein Theil Luftsäure,
mit zehen Theilen ordinärer Luft gemischt, das Feuer auslöschet, und überdies sind hier die durch die Hitze der Flamme
ausgedehnten und um die Flamme stehenden wässrigten Dünste,
welche von der Zerstörung dieser ölichten Körper entsprungen;
diese beyden von solcher Flamme sich scheidende elastische
Flüssigkeiten sind es, welche dem sonst gewiss noch länger
brennenden Feuer nicht geringes Hinderniss in den Weg
legen, vorzüglich da hier kein Luftzug ist, wodurch selbige
von der Flamme können weggetrieben werden. Wenn die
Luftsäure durch die Kalchmilch von dieser Luft getrennet ist,
so kann ein Licht wiederum, obwohl nur eine sehr kurze
Zeit, darinnen brennen.

Siebender Versuch.

§ 23.

Auf das Gestelle (§ 21, S) setzte ich einen kleinen Tiegel,
welcher mit Schwefel angefüllet war; ich zündete ihn an und
setzte den Kolben darüber. Nachdem der Schwefel verloschen
und alles kalt [22] geworden, fand ich, dass zwey Theile Luft
von hundert und sechzig Theilen durch die Hitze der Flamme
aus dem Kolben getrieben waren. Hierauf goss ich sechs
Unzen klares Kalchwasser in diesen Kolben und verfuhr damit
durch Schütteln, wie bereits gemeldet, und sahe, dass der
sechste Theil von der ganzen Luft durchs Brennen verlohren
gegangen war. Das Kalchwasser wurde hier gar nicht präcipitiret, zum Zeichen, dass der Schwefel während seinen Brennen
keine Luftsäure, sondern ein andres der Luft einigermaassen

ähnliches Wesen von sich giebt; dieses ist die flüchtige
Schwefelsäure, welche den, durch die Verbindung des Brenn-
baren mit der Luft entstandenen leeren Raum wieder ein-
nimmt. Ein nicht geringer Umstand ist es, da man siehet,
dass das Phlogiston, es mag sich ohne oder mit einer feurigen
Bewegung von den Körpern scheiden und mit der Luft eine
Verbindung eingehen, doch allemal die Luft an ihrem äussern
Umfange so ansehnlich verringert.

Versuche, welche beweisen, dass die gewöhnliche aus zweyerlei Arten elastischen Flüssigkeiten bestehende Luft, nachdem sie durch das Phlogiston von einander getrennet, wieder kann zusammen gesetzet werden.

§ 24.

Ich habe bereits in § 16 gemeldet, wie ich die verlohren
gegangene Luft nicht habe wieder finden [23] können. Zwar
könnte man einwenden, dass die verlohrne Luft noch in der
zurück gebliebenen Luft, welche sich mit dem Phlogisto nicht
mehr verbinden kann, sitze; denn da ich gefunden, dass sie
leichter als die gewöhnliche Luft ist, so wäre zu glauben,
dass das mit dieser Luft vereinigte Phlogiston selbige leichter
mache, wie aus andern Erfahrungen bereits bekannt wäre.
Allein da das Phlogiston eine Materie ist, welche allemal eine
Schwere voraussetzet, so zweifele ich sehr, ob diese Hypothese
Grund hat. Aber ohne mich in Weitläuftigkeiten einzulassen,
will ich beweisen, dass die Verbindung, welche die Luft mit
dem Principio Inflammabili eingegangen, ein so zartes Com-
positum zuwege gebracht, welches durch die zarten Zwischenräumchen des Glases gegangen und sich in der Luft weit und
breit zerstreuet hat.

§ 25.

Wie oft haben nicht die Chemisten die rauchende Salpetersäure aus Vitriolöl und Salpeter destillirt, dabey sie nothwendig müssen wahrgenommen haben, dass diese Säure im
Anfange roth, in der Mitte der Destillation weiss und ungefärbt, auf die letzt aber wieder roth, und zwar so dunkelroth
übergegangen, dass man durch den Recipienten nicht hat sehen
können. Es ist hierbey zu merken, dass, wenn man die Hitze

zu Ende der Destillation zu sehr überhand nehmen lässt, die ganze Mischung in solche Schäumung geräth, dass alles in den [24] Recipienten übergeht, und, welches das Hauptsächlichste ist, so gehet während solcher Schäumung eine Art Luft über, welche nicht wenig Aufmerksamkeit verdienet. Nimmt man zu solcher Destillation ein recht schwarzes Vitriolöl, so gehet nicht nur im Anfange die Säure weit dunkelrother über, als wenn man ein weisses Vitriolöl nimmt, sondern es pflegt auch, wenn man ein brennendes Licht in diesen Recipienten bringt, nachdem etwa eine Unze übergegangen, solches also gleich auslöschet; da hingegen, wenn man gegen das Ende der Destillation, wenn die Mischung, wie gesagt, stark schäumet, unter den mit blutrothen Dünsten angefüllten Recipienten ein brennendes Licht setzet, selbiges nicht allein fortfahren wird zu brennen, sondern auch mit einem noch weit hellern Lichte brennen wird, als in der gewöhnlichen Luft geschehen: Eben dieses geschiehet, wenn man zum Schlusse der Treibung einen Recipienten vorlutiret, welcher mit einer Luft, in der das Feuer nicht brennen will, gefüllet ist; denn wenn dieser eine halbe Stunde vorgelegen hat, so wird ein Licht gleichfalls in solcher Luft zu brennen fortfahren.

Hier entstehet nun erstlich die Frage: Sind die Dünste der Salpetersäure von Natur roth? Man erlaube mir, dass ich diese Frage hier anbringe, weil ich glaube, dass es Leute giebt, welche die Röthe dieser Säure als ein Unterscheidungskennzeichen angeben. Die Farben der Salpetersäure sind zufällig: Man destillire einige Unzen rauchende Salpetersäure [25] mit sehr gelinder Hitze, so scheidet sich die gelbe davon, gehet in Recipienten, und das Residuum in der Retorte wird weiss und ungefärbt wie Wasser. Diese Säure hat alle Haupteigenschaften der Salpetersäure, ausser dass die gelbe Farbe fehlet. Diese nenne ich die reine Salpetersäure: Sobald sie aber ein brennbares Wesen berühret, wird sie mehr und weniger roth. Diese rothe Säure ist flüchtiger als die reine, daher auch die blosse Wärme sie von einander scheiden kann, und eben deswegen muss in der Destillation des Glaubers, der flüchtige Salpeterspiritus erstlich übergehen. Ist dieser übergegangen, so folget die ungefärbte Säure; aber warum kommt das Acidum zu Ende der Destillation wiederum so blutroth zum Vorschein? Warum ist diese Röthe nicht bereits im Anfange übergetrieben? Woher erhält sie nun das Phlogiston? Hier lieget der Knoten.

§ 26.

Ich habe im vorhergehenden § gemeldet, dass das Licht
im Recipienten beym• Anfange der Destillation auslöschet.
Die Ursache ist in dem Versuche, welchen ich in § 13 angeführet, zu finden. Die hier in Dünsten übergehende Salpetersäure nimmt das Brennbare, welches die schwarze Farbe
des Vitriolöls beweiset, zu sich, sobald dieses geschehen, trift
selbige die Luft an; diese raubet abermal der nunmehro phlogistisirten Säure ihr Brennbares; dadurch gehet ein Theil von
der in dem Recipienten enthaltenen Luft verlohren, daher das
in sie eingetauchte Feuer auslöschen muss. (§ 15.)

[26]   § 27.

Die Salpetersäure kann das Phlogiston in verschiedener
Menge annehmen, sie erhält alsdann bei jeder Proportion auch
andere Eigenschaften. a) Wird sie damit gleichsam saturiret,
so entstehet ein wahres Feuer, sie wird alsdann gänzlich
destruiret. b) Wenn das Principium Inflammabile in einer
geringern Menge vorhanden, so wird dieses Acidum in eine
Art Luft verwandelt, welche sich weder mit den Alkalien,
noch mit den absorbirenden Erdarten und mit dem Wasser
nur in sehr geringer Menge verbinden will: Trift [10]) diese luftähnliche Salpetersäure die Luft, so ziehet diese das Brennbare wieder davon, so verlieret ihre Elasticität, (§ 13.) die
Dünste erhalten eine Röthe, die Luft untergehet hiebey gleichfalls diese eben so merkwürdige als natürliche Aenderung,
dass sie sich nehmlich nicht allein vermindert, sondern auch
warm wird. c) Bekommt die Salpetersäure noch etwas weniger
Phlogiston, so wird sie ebenfalls in eine Art Luft verwandelt,
welche auch, wie die Luft, unsichtbar ist, sich aber mit den
Alkalien und Erdarten verbindet, und damit die rechte Mittelsalze zuwege bringen kann. Diese phlogistisirte Säure aber
ist mit diesen absorbirenden Körpern so loss verbunden, dass
auch die blosse Mischung mit den vegetabilischen Säuren
selbige austreiben kann. In diesem Zustande ist sie in dem
geglüheten Salpeter und auch im Nitro Antimoniato vorhanden.
Trift diese Salpetersäure die Luft, so verlieret sie auch [27]
ihre Elasticität und wird in rothe Dünste verwandelt. Ist
sie in einer gewissen Menge in Wasser eingemischt, so erhält
solches eine blaue, grüne oder gelbe Farbe. d) Bekommt
die reine Salpetersäure nur sehr wenig vom Brennbaren, so

bekommen die Dünste blos eine rothe Farbe, es fehlet ihnen die Ausdehnungskraft, doch aber ist sie flüchtiger, als die reine Säure; dieses wenige Phlogiston hält dieses Acidum dermassen fest, dass auch die Luft, dieser, das Brennbare so stark anziehende Körper, solches davon zu scheiden nicht im Stande ist.

§ 28.

Dieses nun zum voraus gesetzt, wollen wir sehen, ob nicht das besondere Phänomen, von welchem in § 25 Meldung geschehen, dass nehmlich das Feuer zu Ende der Destillation in dem Recipienten so helle brennet, könne erkläret werden. Sollte nicht diejenige Luft, und insonderheit derjenige Theil der Luft, mittelst welcher das Feuer brennet, welcher nur blos (laut den vorhergehenden Versuchen) den dritten Theil der Luft ausmachet, sollte nicht, sage ich, diese Art Luft in den Recipienten durch die Destillation gekommen seyn? Muss nicht diese Art Luft, nachdem sie sich mit dem Phlogiston verbunden und dadurch denen Sinnen gänzlich entwischet, wieder zum Vorschein kommen, wenn ein Körper sie berühret, welcher eine stärkere Anziehung zu dem Brennbaren, als diese Luft hat? Sollte wohl ein vernünftiges Wesen noch Bedenken tragen, [28] zu glauben, dass eben dieses in der Destillation des rauchenden Salpeterspiritus geschehe? Habe ich nicht im vorhergehenden § lit. d. gesagt, und zeigen es nicht die täglichen Erfahrungen, dass die mehrere und wenigere Röthe von dem damit verbundenen Acido Nitri nicht leicht zu trennen, wie stark die Luft auch sonsten das überflüssige Phlogiston von dieser Säure anziehet; bey dieser Anziehung nun entstehet eine merkliche Hitze (Siehe § 27 lit. b.) und daher bekomme ich Anlass zu muthmassen, dass bey jedweder Verbindung des Phlogistons mit der Luft eine Hitze erzeuget werde, und folglich die Hitze aus derjenigen Luft, welche den dritten Theil in der allgemeinen Luft ausmacht, (§ 16.) und einem brennbaren Principio zusammen gesetzet ist. Diese Hitze ist es, welche in der Destillation der concentrirten Salpetersäure zerleget und ihre Bestandtheile aufgelöset wird. Diese hat ihr Daseyn von dem Feuer erhalten, womit die Destillation unterhalten wird; sie wird von der Luft, ohne welche kein Feuer kann gedacht werden, und dem Phlogiston der Kohlen erstlich zusammengesetzet, sie dringet alsdann durch die Kapelle, Sand und Retorte, und trift hier eine

Materie an, welche das Brennbare stärker als die mit ihr ver-
bundene Luft anziehet; folglich wird die Hitze decomponiret,
die Salpetersäure erhält dadurch eine dunkele Röthe; die Luft,
welche vorhero durch das Phlogiston so unbegreiflich zart zertheilet war, bekommt ihre vorige Eigenschaft, sie wird durch
Hülfe der sie begleitenden [29] Säure, welche durch die Hitze
elastischer geworden, mit in den Recipienten gestossen; hier
ist der Ort, wo sie Brennbares anzuziehen wieder im Stande
ist, und da hier mehr von dieser Art Luft als in der gemeinen Luft zugegen ist, so ist es kein Wunder, dass die
Flamme auch hier stärker und heller brennen muss. So fremde
als diese Meynung mir im Anfange vorkam, so fremde wird
sie auch gewiss meinen Lesern vorkommen. Da ich aber nun
überzeugt bin, dass es keine blosse Hypothese, sondern eine
der deutlichsten Wahrheiten ist, so werde ich mich bemühen,
dieses durch fernere Erfahrungen zu beweisen [11]).

§ 29.

Ich nahm eine gläserne Retorte, welche acht Unzen Wasser
fassen konnte, und destillirte die rauchende Salpetersäure nach
der gewöhnlichen Methode.   Im Anfange gieng die Säure roth
über, darauf folgte sie ungefärbt, und auf die letzte wurde
alles wieder roth; sobald ich letzteres gewahr wurde, nahm
ich die Vorlage weg und band eine von Luft ausgeleerte Blase
vor, in welcher ich etwas dicke Kalchmilch (§ 22.) gegossen,
um das Zerfressen der Blase zu verhindern.   Darauf fuhr ich
mit der Destillation fort.   Die Blase fieng nach und nach an
sich auszudehnen.   Nach diesem liess ich alles erkalten und
schnürte die Blase zu.   Endlich löste ich sie vom Halse der
Retorte ab.   Ich füllete ein Glas, welches zehn Unzen Wasser
enthielt, mit dieser [30] Luft, (§ 30. e.) darauf stellte ich
ein schmales angezündetes Licht darein; kaum war dieses geschehen, fieng das Licht an mit einer grossen Flamme zu
brennen, wobey es einen so hellen Schein von sich gab, dass
es die Augen verblenden konnte.   Ich mischte einen Theil
dieser Luft mit drey Theilen derjenigen Luft, in welcher das
Feuer nicht brennen wollte; hier hatte ich eine Luft, welche
der ordinairen in allen gleich war.   Da diese Luft nothwendig
zur Entstehung des Feuers erfordert wird, und etwa den dritten
Theil in unserer allgemeinen ausmachet, so werde sie der
Kürze halber inskünftige die Feuerluft nennen; die andere
Luft aber, welche zur feurigen Erscheinung gar nicht dienlich

ist, und welche in unserer Luft etwa zwey Drittheile ausmachet, will ich in der Folge mit dem bereits bekannten
Namen, verdorbene Luft, belegen.

§ 30.

Es könnte mich jemand fragen, auf welche Art ich die
Luft von einem Gefäss ins andere bringe? Ich sehe mich
also genöthiget, dieses erstlich zu beschreiben. Meine Ein-
richtung und Gefässe sind die allersimpelsten, die man nur
haben kann: Kolben, Retorten, Bouteillen, Gläser und Ochsen-
blasen sind es, welche ich gebrauche. Die Blasen werden,
wenn sie noch frisch sind, gerieben und recht steif aufgeblasen, alsdann dicht zugebunden und zum Trocknen aufge-
hangen. Wenn ich nun eine solche Blase gebrauchen will,
und finde [31] sie noch eben so steif aufgeblasen wie im
Anfange, so bin ich versichert, dass sie dicht ist.

a) Wenn ich irgend eine Art Luft in einer Blase sammlen
will, zum Beyspiel, die phlogistisirte Salpetersäure (§ 13.), so
nehme ich eine weiche, inwendig mit einigen Tropfen Oel
bestrichene Blase und lege etwas von einem gefeilten Metall,
als Eisen, Zink oder Zinn in solche, hierauf drücke ich die
Luft so genau als möglich aus der Blase, und binde sie recht
fest über ein kleines Glas, in welches etwas Scheidewasser
gegossen, alsdann wickele ich die Blase etwas auf, damit zugleich etwas Eisenfeil in das Scheidewasser fallen kann; so
wie diese sich auflöset, so wird auch die Blase ausgedehnet.
Wenn ich nun genug von solcher erzeugten Luft gesammlet
habe, so schnüre ich die Blase nahe über der Oefnung des
Glases mit einem Faden stark zusammen und löse sie vom
Glase ab. b) Ist diese phlogistisirte Salpetersäure mit Luftsäure gemischt, welches geschiehet, wenn man die Säure des
Salpeters über Zucker abstrahiret, so binde ich an das äussere
Ende des Retortenhalses _A_ (Fig. 3.) eine mit etwas Wasser
aufgeweichte Blase; damit ich aber den Ausgang der Luft
recht versperre, so ist es nöthig, dass man den Hals der Retorten auf dieser Stelle mit einem Feuersteine etwas schabet.
(Retorten, welche ich zu dergleichen Untersuchungen gebrauche,
lass ich nicht grösser blasen, als dass sie nur allein von einer
halben bis drey Unzen Wasser enthalten können, dabey aber
einen Hals haben, so [32] etwa einer halben Elle lang ist,
und dieses darum, damit die vorgebundene Blase sowohl von
der Hitze des Ofens, als auch von denen heissen Dämpfen

während der Operation nicht verdorben werde). In diese
Blase giesse ich etwas Kalchmilch (§ 22.) und drücke die
Luft so rein als möglich heraus. Dieser Kalch wird während
der Destillation die Luftsäure absorbiren und die phlogistisirte
Salpetersäure unberührt lassen. c) Auf eben die Art, wie
lit. a. beschrieben, sammle ich auch die Luftsäure und die
brennende Schwefelluft (von welcher ich weiterhin reden
werde); sind die Blasen aber feucht, oder auch nur die sie
umgebende Luft, so dringen diese beyden Arten von Luft in
einigen Tagen gänzlich durch die Blasen; sind die Blasen
und Luft aber trokken, so geschieht solches nicht. Die
brennende Luft aus den Metallen, als Eisen oder Zink, erhalte
ich nach eben dieser Methode, ausser dass ich das Glas in

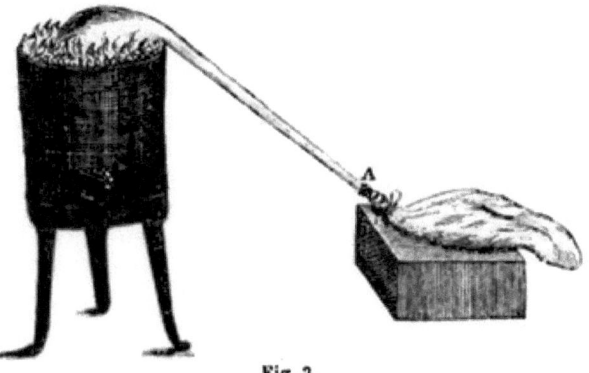

Fig. 3.

warmen Sand setze. Diese Luft ist noch zarter als die vor-
hergehende, sie dringet in einigen Tagen durch die zarten
Zwischenräumchen der Blase, obgleich die Luft und Blase
trokken sind. Ich habe dergleichen zu meinem Verdruss oft
erfahren[12]). d) Nicht selten fange ich die Luft in Blasen auch
ohne Gläser. Ich lege in eine weiche Blase (*A A* Fig. 4.)
diejenige Materie, von welcher ich die Luft zu sammlen ge-
denke, z. E. Kreide; über diese Kreide ziehe ich die Blase
mit einem Bindfaden *B B* zusammen, alsdann giesse ich die
mit Wasser diluirte Säure darüber, und drücke die Luft so
genau [33] als immer möglich heraus, endlich binde ich diese
Blase oben bey *C C* zusammen. Darauf löse ich den Bindfaden *B* auf, so läuft die Säure auf die Kreide, diese treibt
die Luftsäure alsdann heraus, da denn die Blase sich ausdehnen muss. e) Verlange ich eine Luft aus der Blase in

einem Kolben, Glase, Retorte oder Bouteille zu haben, so
fülle ich solches Geschirr mit Wasser und verstopfe es mit
einem genau schliessenden Korke; ich binde alsdann die Blase,
so die Luft enthält, nehmlich die Oefnung von *C* bis *D*
(Fig. 4.), recht fest über solche Bouteille; darauf wende ich
die Bouteille um, so, dass die Blase unten und die Bouteille
oben zu stehen kommt; alsdann fasse ich die Bouteille mit
der linken Hand, und mit der rechten ziehe ich den Kork
heraus; diesen Kork halte ich zwischen beyden Fingern so
lange in der Blase fest, bis das Wasser aus der Bouteille in
die Blase und die Luft aus der Blase in die Bouteille gestiegen
ist; darauf setze ich den Kork wieder ein und löse die Blase

Fig. 4.

von der Bouteille ab.   Will ich solche Luft
lange erhalten, so setze ich den Hals der Bouteille in ein Gefäss mit Wasser. f) Ist in der
Blase Luftsäure oder eine andere Luft, die sich
mit Wasser vereinigen kann, enthalten, und ich
will solche mit Wasser reinlich verbinden, so
fülle ich eine Bouteille mit kaltem Wasser, und
nachdem sie mit der Blase verbunden worden,
so lasse ich etwa den vierten Theil in die Blase
laufen; darauf stecke ich den Kork, so vorhero
zwischen der Blase fest gehalten, [34] in die
Bouteille wieder ein; alsdann bewege ich die
Bouteille gelinde; so wird sich die Luft in das Wasser ein-
tränken.   Darauf mache ich eine kleine Oefnung mit dem
Kork, so fähret die Luft aus der Blase in die Bouteille, um
den nunmehro leer gewordenen Raum wieder auszufüllen, ohne
dass etwas Wasser in die Blase läuft; darauf setze ich den
Kork wieder in die Bouteille und schüttele das darinnen enthaltene Wasser.   Diese Arbeit wiederhole ich noch zwey bis
drey mal; da dann das Wasser mit solcher Luft saturiret ist.
g) Will ich zweyerley Arten Luft in einen Kolben oder Glas
zusammen mischen, lass ich erstlich eben so viel Wasser aus
dem mit Wasser gefülletem Glase in die Blase laufen, als ich
Luft dem Maasse nach haben will, darauf binde ich das Glas
über eine mit einer andern Art Luft gefülleten Blase, und
lasse das übrige Wasser in diese Blase laufen, da ich dann,
sobald als das letzte Wasser ausgelaufen, sogleich den Kork
wieder ins Glas setze.   h) Will ich eine in einer Bouteille
gesammlete Luft in einer Blase haben, so arbeite ich auf eine
entgegengesetzte Art.   Ich fülle nemlich die Blase mit so viel

Wasser, als ich Luft in der Blase haben will, und binde
selbige oben zu; darauf binde ich diese Blase über den Kopf
der Bouteille fest, und löse den Verband der Blase auf, ziehe
den Kork in der Bouteille aus, und so lasse ich das Wasser
aus der Blase in die Bouteille laufen. Darauf schnüre ich
die Blase zu, löse sie von der Bouteille ab, welche [35] also die
Luft aus der Bouteille in sich enthält. i) Habe ich eine Luft
in einer Bouteille, welche mit einer andern Art Luft vermischt
ist, die sich im Wasser oder Kalk absorbiren kann, will aber
wissen, wie viel von jeder Art in solcher Bouteille vorhanden,
so binde ich eine Blase, in welche so viel Kalkmilch gegossen
worden ist, dass die Bouteille davon kann gefüllet werden,
über solches Geschirr, darauf ziehe ich den Kork heraus und
lasse das Wasser oder Kalkmilch in die Bouteille laufen.
Nachdem wende die Bouteille um und lasse die Kalkmilch
wieder in die Blase laufen; dieses Aus- und Einlaufen wiederhole ich einige Male. So viel als nun von der Kalkmilch
in der Bouteille zurück bleibt, so viel Luft hat sich auch
dem Maasse nach absorbiret.

Dieses sind die Methoden, die ich bey meinen Luft-Unter-
suchungen gebraucht habe; ich gestehe, dass sie einigen nicht
sonderlich anstehen werden, weil sie keinen recht genauen
Ausschlag geben. Sie haben mir aber bey allen Untersuchungen
Genugthuung geleistet: man will auch oft ein Haar spalten,
wo es gar nicht nöthig ist.

Fortsetzung des in § 28. angeführten Versuches, nebst Beweise, dass die Hitze oder Wärme aus dem Phlogisto und der Feuerluft (§ 29.) bestehe.

§ 31.

Es könnte jemand einwenden und sagen: dass diese nach
dem 28. § erhaltene Luft vielleicht nichts [36] anders als eine
trockene in elastische Dünste verwandelte Säure des Salpeters
sey. Allein, wenn diese Meinung Grund hätte, so sollte diese
Luft nicht allein corrodirend seyn, sondern auch mit den
Laugensalzen von neuen Salpeter hervorbringen. Dieses geschiehet aber nicht. Es würde demohngeachtet dieser Einwurf
ein ziemliches Gewicht behalten, wenn ich nicht beweisen
könnte, dass mehrere Körper die nehmliche Luft, wie die
Salpetersäure während der Destillation, hervorbrächten. Hieran
aber fehlet es nicht.

Ich habe in einer Abhandlung vom Braunstein, welche in den Abhandl. der Königl. Schwedischen Academie der Wissenschaften aufs Jahr 1774. zu finden, bewiesen, dass dieses Mineral in keiner Säure aufzulösen sey, es sey dann, dass eine brennbare Materie zugesetzet werde, welche ihr Phlogiston dem Braunstein mittheilet und selbigem dadurch einen Eingang in die Säuren zuwege bringt. Eben daselbst habe ich gezeiget, dass dennoch die Vitriolsäure während einer starken Destillation mit geriebenen Braunstein, sich mit selbigem verbinde und ihm im Wasser auflöslich mache, und wenn man diesen Braunstein von der vitriolischen Säure wieder durch präcipitirende Mittel trenne, so finde man an ihm die deutlichsten Spuren vom Brennbaren. Aus dieser Erscheinung machte ich damals den Schluss, dass in der Hitze ein Phlogiston zugegen seyn müsste. Diese Muthmassung hat mir auch nicht fehlgeschlagen. Wenn ich sage, [37] die Salpetersäure zerleget die Hitze deswegen, weil sie eine nähere Verwandschaft zu dem Brennbaren, als die Feuerluft hat, und da ich aus den Eigenschaften des Braunsteins wahrgenommen, dass dieser das Phlogiston noch stärker als die Salpetersäure anziehet, so werde ich keinen Augenblick Bedenken tragen zu glauben, dass der Braunstein aus eben dem Grunde die Hitze decomponiret, aus welchem die Säure des Salpeters solche aus einander setzet. Ich könnte hieran um so viel weniger zweifeln, weil ich bereits seit einigen Jahren angemerkt, dass, wenn bey der Calcination des Braunsteins mit Vitriolöl in einem offenen Tiegel, etwas Kohlenstaub durch den Zug der Luft über die Fläche dieser Mischung getrieben wurde, diese zarte Kohlen in selbigem Augenblick sich mit einem sehr hellen Glanz entzündeten. Ich stellte also folgende Versuche an.

Erster Versuch.

§ 32.

Ich mischte so viel concentrirtes Vitriolöl unter zart geriebenen Braunstein, dass es wie ein dicker Brey wurde. Diese Mischung trieb ich aus einer kleinen Retorte in offenem Feuer. Statt eines Recipienten gebrauchte ich eine luftleere Blase, und damit die etwa übersteigenden Dünste die Blase nicht angriffen, so hatte ich etwas Kalchmilch in selbe gegossen. (§ 30. Lit. b.) So bald [38] der Boden der Retorte glüete, gieng eine Luft über, welche die Blase nach und nach ausdehnete. Diese Luft hatte alle Eigenschaften einer reinen Feuerluft.

Zweyter Versuch.

§ 33.

Als ich zwey Theile zart pulverisirten Braunstein mit einem Theil der phosphorischen Urinsäure [13]) auf eben die Art, wie im vorhergehenden § angezeiget, destillirte, erhielt ich ebenfalls die Feuerluft.

Dritter Versuch.

§ 34.

a) Ich lösete die in der Medicin gebräuchliche weisse Magnesia in Scheidewasser auf; diese Solution liess ich bis zur Trockene abrauchen. Darauf legte dieses Salz in eine kleine Retorte zur Destillation ein, so wie in § 32. angeführet ist. Noch ehe die Retorte glühete, scheidete sich die Salpetersäure von der Magnesia, und zwar in blutrothen Dünsten, und in selbigem Augenblicke fing sich die Blase an auszudehnen. Diese erhaltene Luft war meine Feuerluft.

So siehet man täglich, dass die Salpetersäure blutroth verdampft, wenn sie vermittelst der Hitze von denen Metallen geschieden wird, die in ihr aufgelöset worden waren.

[39] b) Ich destillirte nach vorhergehender Art den merkurialischen Salpeter [14], bis die Salpetersäure sich von dem zurückgelassenen rothen Präcipitate geschieden hatte. Auch hier bekam ich unsere Feuerluft. Der Salpeter vor sich ist schon im Stande die Hitze aufzulösen. Woher kommt das Kochen des im Tiegel fliessenden und dunkel glühenden Salpeters? Rauch oder Dünste siehet man von ihm nicht aufsteigen, und dennoch entzündet sich der über den offenen Tiegel fliegende Kohlenstaub so helle strahlend? Woher kommt es, dass ein solcher in einer gläsernen Retorte eine halbe Stunde lang in glühendem Flusse gehaltener Salpeter, nach dem Erkalten an freyer Luft feucht wird und zerfliesset, und dennoch keine Spur vom Laugensalze zeiget? (§ 27. Lit. c.) Was ist die Ursache, dass dieser liquescirte Salpeter, mit den vegetabilischen Säuren gerieben oder gemischt, seine flüchtige Säure alsobald fahren lässt? Nachdem ich die inneren

Bestandtheile der Hitze habe kennen lernen, fällt es mir nicht schwer hierauf zu antworten. Hätten die Chemisten im vorigen Jahrhundert die blästigen und Luft ähnlichen Flüssigkeiten, welche sich bey so vielen Operationen zeigen, einer genauern Untersuchung gewürdiget, wie weit würden wir nun sein? Sie wollten alles körperlich sehen, und als Tropfen in dem Recipienten sammlen. Erst jetzt hat man dieses besser eingesehen und die Luft deutlich zu untersuchen angefangen; und wer ist es, der den Nutzen nicht einsiehet, welchen die Folgen solcher Versuche mit sich führen?

[40] Ich habe gesagt, dass der Salpeter schon vor sich allein die Materie der Hitze auflöset. Folgender Versuch beweiset dieses.

Vierter Versuch.

§ 35.

Ich legte eine Unze gereinigten Salpeter in einer gläsernen Retorte zum Destilliren ein, und gebrauchte eine feucht gemachte und von Luft ausgeleerte Blase statt eines Recipienten (Fig. 3). So bald als der Salpeter zu glühen anfieng, kam er auch ins Kochen, und in eben der Zeit wurde die Blase von der übergehenden Luft ausgedehnet; ich fuhr mit der Destillation so lange fort, bis das Kochen in der Retorte aufhörte und der Salpeter durch die weiche Retorte dringen wollte. In der Blase erhielt ich die reine Feuerluft, welche den Raum von funfzig Unzen Wasser einnahm. Dieses ist die wohlfeilste und beste Methode, die Feuerluft zu bekommen.

§ 36.

Man kann beym vorhergehenden Versuche leicht auf die Gedanken gerathen: wenn die Salpetersäure das Phlogiston stärker anziehet, als die Feuerluft, warum denn der Salpeter endlich gar zu kochen aufhöret und nicht so viel Brennbares annimmt, dass er sich alkalisiret? Man beliebe aber nur nachzusehen, was bereits (§ 27. lit. d.) angeführet worden ist.

[41] Was gehet hier wohl anders durch die Retorte, als die Hitze? wollte man glauben, dass das Licht auch vielleicht mit im Spiel seyn könnte, so siehet man das Gegentheil bey der Destillation des rauchenden Salpeterspiritus, wie auch in dem Versuche § 34. a). Denn hier glühen weder die Materien noch Retorten, und dennoch entstehet unsere Luft.

Nun wollen wir sehen, ob nicht mehrere Körper vorhanden sind, welche die Hitze gleichfalls decomponiren können; und diese Betrachtung soll uns auf diejenigen Erscheinungen führen, welche die Kalche der edlen Metallen im Feuer darbieten.

§ 37.

Dass die Säure des Salpeters, wie auch die dephlogistisirte Säure des Meersalzes, den edlen Metallen ihr Brennbares, welches ihnen den metallischen Glanz mittheilet, berauben, ist so gewiss, dass ich es für überflüssig halte, Beweise deswegen anzuführen: Die Menge Luftblasen, welche auf der Oberfläche des Goldes, Silbers und Quecksilbers in der Salpetersäure entstehen, und welche beym Zerspringen, so bald sie die Luft berühren, eine gelbe Farbe zeigen (§ 27.) sind augenscheinliche Beweise für diese Wahrheit. Demohngeachtet, da man gesehen, dass solche aus ihren Auflösungsmitteln abgeschiedene metallische Kalche sich, ohne Zusatz eines brennbaren Wesens, blos von der Hitze wieder reducirten, so wollte man schliessen, dass die scharfen Auflösungsmittel nicht vermögend wären, den edlen [42] Metallen ihr Phlogiston zu entziehen. Andere aber, welche von der Calcination dieser Metalle in denen Säuren überzeugt sind, glauben, dass das wenige ihnen fehlende Phlogiston sich von den Kohlen abscheidet, durch die Tiegel dringet und sich denen metallischen Kalchen einverleibet. Diese Meynung ist zwar der Wahrheit in etwas näher, es ist aber zu wissen nöthig, dass das Phlogiston sich von keinem Körper scheidet, woferne nicht der, das Brennbare anziehende Körper, ersteres unmittelbar berühret; hieraus erhellet zugleich, dass da das Phlogiston der Kohlen auf dem Tiegel gar keine Würkung hat, folglich auch nicht den metallischen Kalch zu berühren kommt, die Reduction aber dennoch gut vonstatten gehet, eine andere Materie zugegen seyn müsse, welche denen metallischen Kalchen das ihnen mangelnde Phlogiston zuführen kann. Die Hitze, wenn man solche als einen einfachen Körper betrachtet, kann die Reduction nicht verrichten, weil alsdann die Kalche der unedlen Metalle sich auch reduciren müsten. Wenn man aber die Hitze nach ihren Bestandtheilen betrachtet, so wird man gewiss nicht zweifeln können, dass sie solche Veränderung der Kalche derer edlen Metalle auf Seiten ihres brennbaren Wesens allerdings verrichtet. Geschiehet aber dieses, so muss sich eben so gewiss während solcher Reduction eine Feuerluft scheiden, und zwar aus eben dem Grunde,

wie ich in denen vorhergehenden § § gezeiget habe. Dieses
nun augenscheinlich zu beweisen, stellete ich folgende Versuche an.

[43]   Fünfter Versuch.

§ 38.

Ich nahm eine in der Salpetersäure bereitete Silbersolu-
tion, solche präcipitirte ich mit Weinstein-Alkali, den erhaltenen Präcipitat wusch ich ab und trocknete ihn. Darauf
legte ich diesen Silberkalch in einer kleinen gläsernen Retorte
in offenem Feuer zur Reduction ein, und band eine ledige
Blase vor ihren Hals. Sogleich wurde die Blase von [der
übergehenden Luft ausgedehnet. Nach vollendeter Destillation
fand ich den Silberkalch in der Retorte halb zusammen ge-
schmolzen mit seinem metallischen Glanze; da aber die Präcipitation mit Weinstein-Alkali verrichtet hatte, welches allemal
mit einer Menge von Luftsäure verbunden ist, diese Säure
sich aber in der Präcipitation an den Silberkalch leget, so
musste auch diese Säure mit in der Blase zugegen seyn.
Diese Säure wurde durch die Kalchmilch (§ 30. Lit. i.) davon
geschieden, und blieb die Hälfte einer reinen Feuerluft zurück.

Sechster Versuch.

§ 39.

Ich präcipitirte eine Goldauflösung, so in Königswasser
gemacht, mit Weinstein-Alkali; den ausgesüsten und getrock-
neten Goldkalch reducirte ich nach vorhergehender Art. Ich
erhielt hier die [44] nehmlich Feuerluft; ausser dass hier keine
Luftsäure mit gefolget, welches auch nicht zu verwundern,
weil die saturirte Goldsolution mit dem Laugensalze effervesciret, welches mit der Silberauflösung nicht geschiehet.

Siebender Versuch.

§ 40.

Es ist gleichfalls bekannt, dass der rothe Präcipitat des
Mercurii ohne Zuthuung eines Brennbaren seine laufende Gestalt wieder erhält. Da aber doch der Mercurius sein Phlogiston, sowohl durch die Vitriol- als durch die Salpetersäure
wirklich verlieret, so muss er ja dieses nothwendig wieder

annehmen, so bald er seine metallische Eigenschaft wieder
bekömmt.

a) Ich tröpfelte eine Auflösung des Weinsteinalkali in
eine Auflösung des corrosivischen Sublimats, den erhaltenen
braunrothen Präcipitat wusch ich ab und trocknete ihn; darauf
legte ich ihn in offenem Feuer in eine kleine Retorte, welche
mit einer luftleeren Blase versehen war, zur Reduction ein.
So bald der Kalch zu glühen anfieng, wurde die Blase ausgedehnet und das Quecksilber stieg in den Hals. Die erhaltene Feuerluft hatte etwas Luftsäure bey sich.

b) Der durch die Säure des Salpeters in Kalch verwandelte Mercurius oder rothe Präcipitat, [45] auf eben die Art
behandelt, verhielt sich gleichfalls so. Hier erhielt ich eine
reine Feuerluft, die keine Luftsäure in sich hatte.

Achter Versuch.

§ 41.

In einer, der Königl. Schwedischen Academie der Wissenschaften mitgetheilten Abhandlung vom Arsenik, habe ich
bewiesen, dass dieser giftige Körper aus einer eigenen Säure
und einem brennbaren Wesen zusammen gesetzet ist. Ich
habe auch in selbiger Abhandlung gezeiget, wie diese Säure
durch blosse anhaltende Hitze in lauter Arsenik könne sublimiret werden, und ob ich gleich damals die Ursache davon
schon deutlich einsah, so habe ich doch, um Weitläufigkeit
zu vermeiden, solche daselbst nicht anführen wollen. Ich
legte etwas von dieser fixen Arsenik-Säure in einer kleinen
Retorte zur Destillation, mit vorgebundener Blase, ein. Als
diese Säure in Fluss gegangen und hell glüete, fieng sie an
zu kochen; während diesem Kochen stieg Arsenik in den
Hals, und die Blase wurde ausgedehnet; ich hielt mit dieser
Hitze so lange an, als die Retorte halten wollte. Die gesammlete Luft war gleichfalls Feuerluft [15]). In eben dieser Abhandlung habe ich auch einer besonderen Explosion Erwähnung
gethan, welche in der Destillation des Zinkens mit der Arseniksäure entstand. Wie deutlich, wie natürlich ist nicht die
Erklärung dieser Erscheinung, [46] wenn man überzeugt ist,
dass hier in der Retorte die Feuerluft in ihrer grössten
Reinigkeit vorhanden, der Zink aber in einem glühenden
Flusse ist? Was wird mehr zu dessen Entzündung erfordert?
Ich habe sehr oft mit Vergnügen die hellglänzenden

Funken betrachtet, welche, bey der Reduction der metallischen
Kalchen, in einer Retorte durch blosse Hitze entstehen, wenn
nur sehr wenig vom Kohlenstaub darunter gemischet ist.

Nun wollen wir sehen, ob nicht diese Feuerluft eben
diejenige Luft ist, welche ohne Feuer (§ § 8. bis 15.) und
mit Feuer (§ § 17—23), verlohren gegangen.

Erster Versuch.

§ 42.

Ich füllete ein Glas, welches sechszehn Unzen Wasser
enthalten konnte, mit reiner Feuerluft nach der Methode,
welche § 30. Lit. e. beschrieben stehet. Dieses Glas setzte
ich umgekehrt in ein Zuckerglas, welches mit einer Auflösung
von Schwefelleber angefüllet war. Die Auflösung stieg alle
Stunden ein wenig in das Glas, und nach Verlauf von zwey
Tagen war das Glas davon vollgefüllet.

[47] ### Zweyter Versuch.

§ 43.

Ich mischte in einer Bouteille vierzehn Theile von derjenigen Luft, von welcher die Feuerluft durch Schwefelleber
(§ 8.) geschieden worden war, und welche ich (§ 29.) verdorbene Luft genannt habe, mit vier Theile unserer Feuerluft,
und setzte diese Bouteille umgekehrt und offen in ein Gefäss,
welches auch mit einer Auflösung von der Schwefelleber gefüllet war. Nach vierzehn Tagen waren die vier Theile
Feuerluft verlohren und die Solution war in ihre Stelle gestiegen.

Dritter Versuch.

§ 44.

Nachdem ich ein Glas mit unserer Luft angefüllet hatte,
goss ich etwas ungefärbtes animalisches Oel darein, und vermachte es genau. Nach einigen Stunden war es schon braun,
und des andern Tages schwarz geworden. Es ist eine nicht
geringe Ungelegenheit, dieses Oel auf den Apotheken weiss
zu behalten. Man siehet sich genöthiget, dieses Oel in kleine
Gläser zu giessen, und es vor dem Zugange der Luft aufs
sorgfältigste zu verwahren. Wenn man ein solches ungefärbtes

Oel mit irgend einer Säure vermischet, so wird diese Säure
sowohl, ohnerachtet selbige mit Wasser verdünnet worden ist,
als auch das Oel in einer Stunde schon schwarz. Der Essig
selbsten thut [48] die nemliche Würkung. Dass dieses Oel
also in der Luft so bald schwarz wird, ist keine andere Ursache, als dass die in der Luft vorhandene Feuerluft diesem
Oele das Phlogiston raubet, und also eine zarte mit diesem
Phlogisto vorhero vereiniget gewesene Säure entwickelt, welche
die Schwärze hervorbringet [16].

Vierter Versuch.

§ 45.

a) In ein Glas von sieben Unzen, welches mit der Feuerluft gefüllet war, legte ich ein Stück Urinphosphorus, und
vermachte solches mit einem Kork. Darauf erhitzte ich die
Stelle, wo der Phosphorus lag, mit einem brennenden Licht;
der Phosphorus entzündete sich mit einem sehr hellen Glanz.
So bald die Flamme verloschen war, zersprang das Glas in
Stücken.

b) Da das Glas in vorhergehendem Versuche sehr dünne
war, wiederholte ich diesen Versuch mit einem etwas dickern
Glase, und nachdem alles kalt geworden, wollte ich den Kork
unter dem Wasser aus dem Glase ziehen. Es war mir aber
nicht möglich, weil die äussere Luft den Kork so fest ins
Glas druckte. Ich druckte ihn also völlig ins Glas hinein,
da fuhr das Wasser ins Glas und füllete es beynahe gänzlich.
Da das erstere Glas nur dünne war, so ist wohl der äussern
Luft die Ursache zuzuschreiben, dass solches zerdrukket
worden.

[49] c) Als ich die verdorbene Luft mit einem Drittel
der Feuerluft mischte, und ein Stück Phosphorus in solcher
Luft verbrannte, wurde auch nur der dritte Theil davon absorbiret.

Fünfter Versuch.

§ 46.

Ich wiederholte auch selbigen Versuch, welchen § 19.
angeführet, bloss mit dem Unterschiede, dass ich eine längere
Röhre nahm, und den Kolben mit meiner Feuerluft füllte.

Es war artig anzusehen, wie das Wasser immer allmählig in
den Kolben stieg; und wie siebenachtel Theil des Kolbens mit
Wasser voll waren, löschte die Flamme aus.

Sechster Versuch.

§ 47.

Auf das Gestelle (§ 21. lit. c.) legte ich etliche glüende
Kohlen und setzte einen Kolben, der mit Feuerluft gefüllet
war, darüber. Die Kohlen hatten noch nicht die Luft im
Kolben erreicht, da sie schon anfiengen sehr hell zu brennen.

Nachdem alles kalt geworden, machte ich eine Oefnung
unter dem Kolben, darauf wurde der vierte Theil mit Wasser
angefüllet. Als ich aber durch Hülfe der Kalchmilch die in
der zurückgebliebenen Luft vorhandene Luftsäure heraus holte
(§ 22.), [50] blieb bloss der vierte Theil im Kolben zurück.
In dieser Luft konnte ein Licht noch brennen.

Siebender Versuch.

§ 48.

Ich versuchte auch das Verhalten der Feuerluft mit
Schwefel (§ 23.) Sobald als der brennende Schwefel die im
Kolben enthaltene Feuerluft berührte, wurde die Flamme weit
grösser und heller. Als dieses Feuer verloschen war, hatte
das Wasser in der Schüssel einen Weg gefunden durch die
Masse in den Kolben zu kommen, welcher davon auf drey
Viertel angefüllet wurde. Da ich zu diesen drey letzten Ver-
suchen einen Kolben gebrauchte, welcher nur dreyssig Unzen
Luftraum enthielt, so habe ich auch das Gestelle (§ 21.) dar-
nach einrichten müssen.

§ 49.

Ich habe (§ 16.) angeführt, dass ich die verdorbene Luft
leichter als die ordinaire Luft befunden. Muss nicht daraus
folgen, dass die Feuerluft schwerer, als unsere Luft ist? Gewiss, ich fand würklich, das nachdem ich so viel Feuerluft,
als zwanzig Unzen Wasserraum einnehmen, genau gewogen,
solche beynahe zwey Gran schwerer, als eben so viel gewöhnliche Luft war.

[51] § 50.

Es zeigen also diese Versuche, dass diese Feuerluft eben
die Luft ist, vermittelst welcher das Feuer in der allgemeinen
Luft brennet; sie ist nur blos hier mit einer solchen Luft
vermischt, welche zum Brennbaren gar keine Anziehung zu
haben scheint, und diese ist es, welche der sonst schnellen
und heftigen Entzündung etwas Hinderung im Wege legt.
Und in der That, bestünde die Luft aus lauter Feuerluft, so
würde das Wasser in Löschung der Feuersbrünste wohl
schlechten Nutzen schaffen. Die Luftsäure, mit dieser Feuerluft gemischt, hat die nemliche Wirkung wie die verdorbene
Luft. Ich mischte einen Theil Feuerluft mit vier Theilen
Luftsäure; hierinnen brannte das Licht noch ziemlich gut.
Die Wärme, so in den Zwischenräumchen der brennbaren
Körper stecket, kann unmöglich so viel ausmachen als man
Hitze im Feuer fühlet, und ich glaube nicht zu fehlen, wenn
ich aus meinen Erfahrungen schliesse, dass die Hitze eigentlich während dem Brennen aus der Feuerluft und dem Phlogisto derer brennbaren Körper erstlich hervorgebracht und
erzeuget werde, und wenn dieser neu entstandene überaus
zarte elastische Körper einen andern berühret, welcher das
Phlogiston stärker anziehet, so muss nothwendig die Hitze
wieder dekomponiret werden. Der Versuch (§ 45. lit. b.)
und § 46. zeigen dieses sowohl dem Gesichte als auch dem
Gefühle nach, da sogar alles im Kolben gänzlich zu verschwinden scheinet.

[52] Nun wollen wir sehen, ob auch die Feuerluft, welche
in den Versuchen (§ § 8—15.) ohne Feuer verlohren gegangen,
wirklich in Hitze verwandelt ist. Zwar fühlet man hier
keine Hitze; dass aber auch hier eine Verbindung des Phlogistons und der Feuerluft geschehen, beweiset der zehnte §
augenscheinlich. Will man von der Hitze ein geschicktes
Urtheil fällen, so muss man dem Gefühle nicht trauen. Blos
das Thermometer ist es, welches uns dieses zeigen kann.
Wenn der Schwefel in einer gegebenen Menge Luft etwa drey
Minuten brennt und eben diese Menge Luft von einer Auflösung der Schwefelleber einige Wochen dauren kann, ehe
sich die Feuerluft von dieser Luft gänzlich geschieden hat,
so muss folgen, dass die erzeugte Wärme, welche doch alle
Augenblicke hervorgebracht wird, nur sehr geringe seyn muss.
Und was ist viel davon zu sagen! wir haben Erfahrungen,

wo sich die Luft in der Hälfte Zeit absorbiret: Hier muss die Wärme schon in doppeltem Verhältnisse seyn. Ferner sind Erfahrungen bekannt, da man die erzeugte Wärme schon mit Händen fühlen kann, und hier verschwindet die Feuerluft schon in einer Stunde. Ich will die Versuche, so ich über diesen Gegenstand angestellet, erzählen.

Erster Versuch.

§ 51.

Ich mischte eine starke Auflösung der Schwefelleber mit so viel geriebener Kreide, dass es beynahe [53] ein trockenes Pulver wurde. Darauf setzte ich dieses Pulver in ein Zuckerglas vors Fenster, und darneben ein Thermometer. Zwey Stunden nachhero, da sowohl das Thermometer als auch das Pulver einen gleichen Grad von Wärme hatten, setzte ich das Thermometer ins Zuckerglas mitten in das Pulver. Einige Minuten nachhero war der Spiritus etwas gestiegen. Ich nahm ihn aus dem Pulver und setzte ihn nahe dabey. Sogleich fiel der Spiritus. Ich setzte ihn wieder ins Zuckerglas; da stieg er wieder. Des andern Tages wollte ich diese Erscheinung noch einmal sehen, allein wie der Spiritus einige Minuten in dem Pulver gestanden, war er nicht gestiegen. Das Pulver, welches des Tages zuvor gelb war, hatte nun eine weisse Farbe, und durch Zugiessen von einer Säure entstund kein hepatischer Geruch; folglich war der Schwefel zerstöhret, und also kein Wunder, dass auch keine Wärme hervorgebracht wurde.

Zweyter Versuch.

§ 52.

a) Eisenfeil, welche ich mit einigen Tropfen Wasser angefeuchtet hatte, brachte ebenfalls den Spiritus in dem Thermometer zum Steigen, welches ich unterschiedliche male drey Tage hinter einander mit einerley Erfolg und mit eben denselben Eisenfeilspänen wiederholte.

[54] b) Da das Terpenthinöl die Luft auch absorbiret, so sollte man wohl glauben, dass auch hier eine Wärme entstehen müsste. Ich mischte etwas von diesem Oele unter pulverisirte Kreide, so, dass ein loses Pulver daraus wurde, und nachdem sowohl die Mischung, als auch das Thermometer

einen gleichen Grad von Wärme hatten, setzte ich letzteres darein; allein der Spiritus wollte weder steigen noch fallen. Da das Terpenthinöl stark ausdünstet, und alle Ausdünstungen die Wärme der Luft absorbiren; sollte nicht das nemliche auch hier geschehen, und die entstehende Kälte von der erzeugten Wärme wieder ersetzet werden? wenn dieses nicht wäre, so müsste der Spiritus fallen.

Warum ich die Auflösung der Schwefelleber und Terpenthinöl mit Kreide gemischet, geschahe deswegen, weil in solchem Falle die Luft das Phlogiston in mehreren Punkten berühret, und demnach eine weit merklichere Wärme erwecken könnte.

Dritter Versuch.

§ 53.

Da es nur blos die Feuerluft ist, welche in der ordinairen Luft mit dem Brennbaren die Hitze ausmacht, so war ich begierig zu wissen, ob nicht die erzeugte Wärme noch merklicher seyn würde, wenn zu diesen Versuchen blos reine Feuerluft gebraucht würde. Ich wurde auch von dieser Wahrheit [55] überzeugt. Denn als ich ein Zwölfunzenglas mit der Feuerluft gefüllet und wohl vermacht vier Stunden neben einem Thermometer und einer Mischung von gestossener Kreide und einer Auflösung von Schwefelleber stehen liess, so legte ich dieses Pulver ins Glas, setzte die Thermometerkugel darein und vermachte das Glas um die Röhre mit Wachs; gleich darauf stieg der Spiritus, und zwar doppelt so hoch, als in eben dieser Mischung an der freyen Luft.

Vierter Versuch.

§ 54.

Die Erhitzung, welche aus einer Mischung von Eisenfeil, Schwefel und etwas Wasser entstehet, ist einzig und allein der Verbindung, so das Phlogiston des Eisens mit der Feuerluft eingegangen, zuzuschreiben. Ich mischte drey Theile Eisenfeil und einen Theil Schwefel mit so viel Wasser, dass daraus ein feuchtes Pulver wurde; dieses theilte ich in zwey Theile: Mit dem einen füllte ich ein Glas, welches ich mit einem dicht schliessenden Kork verwahrte; den andern Theil aber setzte ich in einem Zuckerglase der freyen Luft aus.

Nach Verlauf zwey Stunden war letzteres dermassen heiss geworden, dass ich das Glas nicht lange in der Hand halten konnte, da hingegen ersteres gar nicht warm wurde: doch hatte dieses sowohl, wie jenes, eine schwarze Farbe angenommen. Einige Wochen [56] nachher warf ich einen Theil dieses verschlossen gestandenen noch feuchten Pulvers auf ein Stück Papier aus, drey Minuten darauf fieng dieses Pulver an sich heftig zu erhitzen und zu rauchen. Den übrigen Theil dieses Pulvers legte ich in ein Zuckerglas und setzte solches auf das Gestelle (§ 21. Lit. b.) und oben darüber einen Kolben. Das Wasser stieg allmählig in dem Kolben, und nach drey Stunden Zeit war der Kolben beynahe um ein Drittel damit angefüllet; hier blieb das Wasser stehen. Darauf nahm ich den Kolben wieder ab, und füllte ihn mit frischer Luft; ich setzte ihn wieder über diese Eisenmischung, da stieg das Wasser wieder von neuem.

Da hier die Luft so geschwind absorbiret wird, so ist es auch nicht zu verwundern, dass eine so fühlbare Hitze entstehen muss, und also hoffe ich bewiesen zu haben, dass die Hitze oder Wärme aus den zweyen Bestandtheilen, nemlich aus dem allgemeinen feuerfangenden Principio und der in unserer Luft vorhandenen Feuerluft bestehe. Ein Vernünftiger aber wird deswegen nicht alsobald den Schluss machen, dass allemal, wo Wärme entstehet, diese zwey Bestandtheile sich erstlich verbinden müssen. Nein, sie ist auch zum Theil in denen Zwischenräumchen der Körper vorhanden, wovon weiter hin.

[57]   Die Eigenschaften der Hitze [17].

§ 55.

Es ist bekannt, dass ein metallner Hohlspiegel die Hitze von hellglüenden Kohlen, welche in dessen Brennpunkt gesetzt worden, dermassen zurückwirft, dass wenn solche mit einem andern metallenen Hohlspiegel aufgefangen wird, selbige einen Brennpunkt formiret, womit man feuerfangende Sachen anzünden kann. Ich frage hier, ob die Hitze dieser hellglüenden Kohlen, oder das Licht allein, oder beyde zugleich diese Wirkung hervorbringen? Zwar sind mir die verworrene Redensarten, dass man alles Feuer nennet, was nur eine Aehnlichkeit damit hat, bekannt. Hier heisst das Licht Feuer, da

die Wärme und Hitze Feuer, und dorten das in allen Körpern
verschlossene Phlogiston, Feuer. Man wird also mit der Antwort auf meine Frage nicht lange zögern. Man wird sagen:
das Feuer ist es, welches von diesen Spiegeln zurück geworfen,
zusammengezogen und koncentriret wird; folglich eben die
Wirkung wie das Sonnenlicht zuwege bringet. Ich halte dafür,
dass man mit dem Lesen nicht eher anfange, bis man die
Buchstaben kenne, und also mit der Antwort ein wenig inne
halte, und erstlich folgende Erfahrungen in Betrachtung ziehe.

§ 56.

a) Man setze sich zur Winterszeit in seiner Stube vor dem
Ofen, wenn das Holz in selbigem in [58] voller Flamme ist;
da man denn die aus der offenstehenden Ofenthür streichende
Hitze etwa drey Ellen davon noch empfindlich genug fühlen
kann: Demohngeachtet wird man den aus dem Munde fahrenden Hauch oder Athem sehr deutlich gewahr werden,
welcher doch zur Sommerszeit in einer weit weniger warmen
Luft nicht zu sehen ist. b) Setzet man ein brennendes Licht,
oder bringet man einen Rauch in diese aus dem Ofen in
geraden Linien ausfahrenden Hitze, so wird ersteres nicht
allein geruhig wegbrennen, sondern letzterer auch in lothrechter
Linie in die Höhe steigen. c) Da ein beständiger Luftzug
aus der Stube in diesen Ofen gehet, um die durch die Hitze
ausgedehnte und aus der Feuermauer gestiegene Luft wieder
zu ersetzen, so entstehet sogleich die natürliche Frage: Warum diese aus dem Ofen in die Stube fahrende Hitze nicht
alsobald durch den Luftzug in der Ofenröhre mit in die Höhe
steige? d) Wenn man einen starken Wind auf irgend eine
Art vor dieser Ofenthüre von der rechten Seite bis zur linken
machet, so wird man demohngeachtet der ausstreichenden
Hitze, gleich den Sonnenstrahlen, keine andere Direktion
geben können, so, dass wenn man das Gesicht zur linken
nahe am Ofen hält, man zwar den durch die Hitze fahrenden
Wind fühlet, aber ohne Wärme. e) Es ist bekannt, dass der
durch das Sonnenlicht an einer weissen Wand verursachte
Schatten eines glühenden oder nur heissen Körpers mit einem
Dunst umgeben ist, welcher sehr schnell zu zittern scheinet,
[59] so von nichts anders als von der bald mehr bald weniger
durch die Hitze ausgedehnten Luft herzuleiten, durch welche
die Lichtstrahlen gebrochen werden: Woher kommt es nun,
wenn man vor dem Ofen sitzend das Fenster zur rechten und

die weisse Wand zur linken hat, dass man, sage ich, gleichwohl keinen solchen zitternden Schatten an der Wand erblicket, obgleich die durch die Fensterscheiben gehenden
Sonnenstrahlen die aus dem Ofen streichende Hitze durch-
schneiden und auf die entgegenstehende Wand fallen? Hänget
man aber in dieser Hitze ein heisses Eisen oder Stein auf,
welche in eben dieser Hitze erhitzet worden, so wird man
sowohl in der freyen Luft als auch an der weissen Wand
das gewöhnliche Zittern bemerken. f) Hält man eine grosse
gläserne Scheibe zwischen das Gesicht und den Ofen, so siehet
man zwar das Feuer, aber man empfindet keine Hitze, dahingegen wird das Glas alle Hitze auffangen. g) Gleichermassen
kann man das Licht dieses Feuers mit einem flachen gläsernen
Spiegel zurückwerfen, ohne dass man an diesem Lichte die
geringste Wärme bemerken wird, dagegen aber wird der
Spiegel alle auf ihn gefallne Hitze behalten. h) Allein ein
polirtes Metallblech wird sowohl das Licht als die Hitze, nach
selbigen Gesetzen wie das Sonnenlicht, zurückwerfen, und da
hier die Hitze zurückgeworfen wird, so ist es kein Wunder,
dass dieses Blech nicht warm wird. i) Eben deswegen kann
man mit einem kleinen metallenen Hohlspiegel vor diesem [60]
Ofen in der Entfernung zweyer Ellen einen Brennpunkt formiren, welcher Schwefel anzündet. In dieser Stellung kann
man solchen Spiegel sehr lange halten, ohne dass er warm
wird. Lässt man ihn aber mit etwas Russ über ein brennendes Licht belaufen, so kann man ihn nicht vier Minuten in
voriger Stellung vor dem Ofen halten, ohne an ihm die Finger
zu verbrennen. k) Wirft man diese aus dem Ofen streichende
Hitze mit einem polirten Metallbleche auf eine andere Stelle,
so kann man auch hier, doch nur zwey bis drey Ellen vom
Bleche, einen empfindlichen Brennpunkt machen: und obgleich
mit selbigem Hohlspiegel, wenn das Licht von einem gläsernen Spiegel auf ihn geworfen wird, ein heller Brennpunkt
entstehet, so fühlet man doch nicht die geringste Wärme.
l) Setzet man zwischen sich und dem Feuer eine Glasscheibe,
so kann man auch hinter diesem Glase einen hellen Punkt
durch den Hohlspiegel zuwege bringen, aber ohne Hitze.
Eben deswegen kann man auch mit einem Brennglase vor
diesem Feuer zwar helle Punkte formiren, welche aber nicht
die geringste Wärme bey sich haben. m) Dieser metallene
Hohlspiegel und das Blech werden aber geschwind heiss, sobald sie einen heissen Körper berühren, obgleich sie von der

aus dem Ofen fahrenden Hitze gar nicht warm werden.
Z. B. wenn man das oberste Zugloch dieses Ofens zumacht,
so steiget sogleich die erhitzte Luft aus der offenstehenden
Thüre empor, hält man in dieser lothrecht aufsteigenden Hitze
vorigen [61] metallenen Hohlspiegel oder Blech, so lässt sich
diese Hitze nicht zurückschlagen, sondern erhitzt auch alsobald diese Metalle.

§ 57.

Es folget aus diesen Versuchen, dass die mit der Luft
in dem Ofen aufsteigende und durch die Feuermauer fahrende
Hitze, von der aus der Ofenthüre in die Stube streichenden,
wirklich unterschieden ist.   Dass sie sich in geraden Linien
von ihrem Erzeugungspunkte entfernet, und von den polirten
Metallen unter selbigem Winkel, als der Anfallswinkel gewesen,
wieder zurückgeworfen wird. (§ 56. lit. h. i.)   Dass sie sich
mit der Luft nicht verbindet, und folglich auch von dem
Strom der Luft keine andere Direktion, als sie im Anfange
ihrer Entstehung erhalten, annehmen kann. (lit. c. d.)   Eben
deswegen sind die aus dem Munde fahrende Feuchtigkeiten
in dieser so starken Hitze sichtbar. (lit. a.)   Denn da die
Luft zur Sommerszeit mit der Wärme eine wirkliche Vereinigung eingegangen; eine warme Luft aber allemal mehr Wasser
auflösen kann als eine kalte, so ist gleichfalls hieraus zu
sehen, dass diese Hitze mit der Luft nicht verbunden ist,
und also ist diese Luft auch glaublich von ihr nicht ausgedehnet, folglich ist es auch begreiflich, warum solche kein
Zittern im Sonnenlichte verursachet. (lit. e.)   Dieses sind
Eigenschaften, welche dem Lichte zukommen; doch will ich
nicht glauben, dass man deswegen diese Erscheinungen dem
von der Flamme ausstrahlenden Lichte zuschreiben [62] wird.
Denn vors erste ist dieses Licht gegen dem Lichte der Sonnen
viel zu schwach, und vors andere ist die vorerwähnte Wirkung des Brennens (lit. i.) weit stärker, wenn das Holz
verzehret und in hellglühende Kohlen verwandelt ist, da alsdann
das Licht schon ansehnlich abgenommen; und überdem kann
man das Licht von dieser Hitze durch Hülfe eines gläsernen
Spiegels (lit. g.) von einander scheiden, da man alsdann die
Hitze im Glase zurück behält, und an dem davon strahlenden
Lichte gar keine Wärme empfindet.   Eben dieses zeiget auch
(lit. g. l.)   Es folget demnach, dass diese aus der Ofenthür
streichende Hitze zwar mit dem Lichte in einigen Stücken

übereinkomme, aber noch nicht vollkommen Licht geworden: denn sie wird von einer Glasfläche nicht wie von einer metallenen Fläche zurückgeworfen (Merkwürdiger Umstand!). Sie ist auch nur in einer weit geringeren Entfernung von ihrem Erzeugungspunkte wirksam; zum wenigsten dem Gefühle nach. Sie wird aber auch sehr bald in die bekannte Wärme verwandelt, sobald sie sich mit einem Körper vereiniget hat. Dieses siehet man am Glase, (lit. g.) und an dem mit Russ belaufenen metallenen Hohlspiegel (lit. i.) und an mehreren; alsdann kann diese Hitze von einem Körper in dem andern übergehen, folglich auch sich mit der Luft verbinden und das Zittern in ihr hervorbringen. (lit. c.) Alles dieses gilt nicht allein von der Hitze, die aus dem Ofen in die Stube fähret, sondern auch von einem jedweden [63] Feuer. Man stelle sich einen kleinen von glühenden Kohlen aufgeworfenen Berg vor, so ist die von diesem Berge rund um ausstrahlende Hitze eben die, welche sich mit einem metallenen Bleche wieder zurückwerfen lässt, die aber, welche in die Höhe fähret und sich durch den Wind hin und her treiben lässt, ist diejenige, welche sich mit der Luft vereiniget hat. Ich will erstere, um sie zu unterscheiden, die strahlende Hitze nennen.

§ 58.

Da dieses nun zwey unterschiedene Arten von Hitze sind, dieweil ein so beträchtlicher Unterschied unter ihnen gefunden wird, so bekommt man billig Anleitung zu fragen: worinnen dieser Unterschied bestehe? Hat sie etwa in eben dem Augenblicke, da sie entstanden, nicht genug Materie der Luft angetroffen, womit sie hat kohäriren können, oder hat sie im Anfange ihres Daseyns eine so grosse Elasticität erhalten, dass sie in ihrer geschwinden Fahrt von der Luft und polirten Metallen nicht kann angehalten werden? Ersteres scheinet nicht viel Gewicht zu haben; denn man wird gar bald den Einwurf machen, warum sie sich nachgehends nicht mit der Luft verbindet, sondern als Lichtstrahlen durch solche hinfähret? Letztere Muthmassung scheinet mir aus gewissen Gründen sehr wahrscheinlich zu seyn. Was ist aber dieses, welches der Hitze solche starke Elasticität mittheilet? Ich glaube, dass die Feuerluft mit mehr und weniger Phlogiston sich zu verbinden [64] im Stande ist. Es muss also auch ohnstreitig diese Feuerluft Erscheinungen darbieten, welche der Menge des mit ihr verbundenen Phlogistons gemäss sind.

Finden wir nicht, dass viele Körper, welche eine Vereinigung mit dem Brennbaren eingehen, dasselbe in grösserer und geringerer Proportion annehmen können? erhalten sie nicht dadurch eine mehrere und weniger Flüchtigkeit und Elasticität, wie ich bereits (§ 27.) angeführt, und der Spiritus des Salpeters uns deutlich zeigt? Mit eben solcher Eigenschaft muss denn auch die Feuerluft begabet seyn, weil diese nebst dem Phlogisto die wahren Bestandtheile der Hitze sind, und ich ferner darthun werde, dass die Wärme sich mit mehr Brennbaren zu vereinigen gar wohl im Stande sey. Diese von dem Phlogisto der Hitze mitgetheilte vermehrte Elasticität wird durch die Anziehungskraft, welche die Körper an ihre äussern, verringert, so dass sowohl die polirten Metalle als auch die Luft solche nunmehro anzuziehen im Stande sind. Nun hoffe ich, dass man auf die Frage (§ 55.) wird antworten können. Es ist nehmlich die strahlende Hitze, so diese Entzündung verursachet, welche unsichtbar und vom Feuer unterschieden ist.

Von dem Lichte.

§ 59.

Bisher habe ich die Bestandtheile der Hitze und gleichfalls die nähesten Bestandtheile der Luft, [65] so viel als zu meiner vorhabenden Erklärung des Feuers nöthig ist, aus deutlichen Versuchen gezeiget. Da aber kein Feuer ohne Licht kann gedacht werden, so ist noch diese wunderbare Erscheinung übrig, ehe man von dem, was das Feuer ist, einen gründlichen Unterricht erhalten kann.

Dass das Licht der Sonnen und das Licht des brennenden Feuers einerley Ding sey, daran ist nicht zu zweifeln, denn es wirket auf das Auge völlig so wie das Sonnenlicht, und zeiget durch das Prisma eben dieselben Arten von Farben. Da es aber weit schwächer ist, so ist es auch nicht zu wundern, dass die mit dem Brennglase zusammen gezogene Strahlen nicht brennen.

Dass das Licht unter die Zahl der Körper so wie die Wärme gehöre, daran ist gleichfalls nicht zu zweifeln. Dass aber Licht und Wärme einerley sind, kann ich um so viel weniger glauben, da die Erfahrungen vielmehr das Gegentheil beweisen; das folgende wird diese Sache deutlicher machen.

Beweise vom Daseyn eines brennbaren Principii im Lichte.

§ 60.

Es ist bekannt, dass die Auflösung des Silbers in der Salpetersäure, wenn sie auf ein Stück Kreide gegossen und den Sonnenstrahlen ausgesetzt [66] wird, eine schwarze Farbe erhält [18]). Das von einer weissen Wand zurückgeworfene Sonnenlicht hat die nemliche Wirkung, obwohl langsamer. Die Wärme aber ohne Licht, bringt gar keine Aenderung an dieser Mischung hervor. Sollte wohl diese schwarze Farbe wahres Silber seyn? Wir wollen diese Frage nicht eher entscheiden, bis ich den Beweis vom Phlogisto im Lichte werde dargethan haben.

Erster Versuch.

§ 61.

Ich legte etwas Silbererde auf ein Stücklein Porcellain, und setzte es dem Brennpunkte eines Brennglases aus: alsobald wurde die Oberfläche dieser Erde wieder zu Silber. Durch die Silbererde verstehe ich das in der reinen Salpetersäure aufgelöste und mit Weinsteinalkali präcipitirte Silber. Die Salpetersäure benimmt ohnstreitig sowohl den edlen als den unedlen Metallen ihr Phlogiston, (§ 27. b.) welches die in solchen Auflösungen entstehende Effervescenz sowohl als auch die Röthe, so die Dünste erhalten, genugsam beweisen. Die metallischen Präcipitate lösen sich zwar in der reinen Salpetersäure auf, doch ohne ihr die geringste Röthe beyzubringen; so ist es auch mit der Silbererde beschaffen. Dieses im Brennpunkte reducirte Silber, giebt der Salpetersäure während seiner Auflösung eine Röthe, und woher könnte dieses [67] Phlogiston wohl anders gekommen seyn, als von dem Sonnenlichte?

Zweyter Versuch.

§ 62.

a) Ich legte etwas von dem durch die Salpetersäure gemachten Quecksilberkalche, oder so genanntem rothen Präcipitate, auf einen Ducaten, und hielt es in den Brennpunkt. Das Pulver fing an zu rauchen und das Gold wurde weiss.

b) Ich solvirte Gold in Königswasser, welches aus Scheidewasser und Meersalz bereitet, und präcipitirte es mit Weinsteinalkali. Diese ausgesüsste und getrocknete Golderde wurde auf ein Stück Porcellain dem Brennpunkte ausgesetzt. Sie wurde dunkelbraun und verhielt sich wie wahres Gold.

Zwar könnte man auch diese Reduction der Hitze beymessen, welche im Brennpunkte vorhanden. Gesetzt es wäre die Hitze, so ist auch dadurch das Brennbare im Lichte bewiesen, weil keine Hitze ohne Phlogiston seyn kann. Allein es sind mehrere Beweise, welche diese Meinung widerlegen.

c) Ich goss ein wenig von der reinsten Salpetersäure, welche rauchend war (§ 25.), in ein weisses mit einem gläsernen Stöpsel versehenes Krystall-Glas und setzte es dem Sonnenlichte aus: Drey Stunden nachhero fand ich dieses Glas mit einem rothen Dunste angefüllet. Dieses geschiehet auch [68] in der Wärme auf einem Kachelofen; es müssen aber vier Wochen verstreichen ehe die Röthe merklich wird.

Dritter Versuch.

§ 63.

a) Ich präcipitirte eine Silberauflösung mit Salmiak, der Präcipitat wurde edulcoriret und getrocknet und auf ein Stück Papier zwey Wochen in die Sonnenstrahlen gelegt, da ich dann dieses weisse Pulver, sobald als es auf der Oberfläche schwarz geworden war, umrührte, welches ich oft wiederholte. Darauf goss ich von dem kaustischen Salmiakspiritu auf dieses dem Ansehen nach schwarze Pulver und setzte es in die Digestion. Dieses Menstruum löste sehr viel von dem Hornsilber auf, doch blieb ein zartes schwarzes Pulver zurück. Dieses edulcorirte Pulver wurde von einer reinen Salpetersäure grösstentheils aufgelöst, welches dadurch flüchtig wurde. Diese Auflösung wurde wieder von neuem mit Salmiak zu Hornsilber präcipitiret. Also ist die Schwärze, welche das Hornsilber vom Lichte erhält, reducirtes Silber, und folglich auch die auf Kreide gegossene Silberauflösung (§ 60.). Ich habe das weisse Hornsilber ganze zwey Monate in Papier gewickelt auf einem warmen Ofen liegen lassen, ohne dass die Farbe verändert worden. Da sich aber kein Silber in metallischer Form mit der Meersalzsäure verbinden kann, so [69] folgt. dass so viel als jedes Theilchen des Hornsilbers auf seiner

Oberfläche in Silber verkehret wird, dass auch eben so viel
Salzsäure sich scheiden muss.

b) Um dieses zu sehen, so mischte ich so viel destillirtes
Wasser unter ein wohl ausgesüsstes Hornsilber, dass es nur
ein wenig über das Pulver stund, und goss die Hälfte davon
in ein weisses Krystallglas, welches ich denen Sonnenstrahlen
aussetzte, und alle Tage zum öftern umschüttelte, die andere
Hälfte aber setzte ich an einen finstern Ort. Zwey Wochen
darauf filtrirte ich das Wasser, welches über dem nunmehro
schwarz gewordenen Hornsilber stand. Dieses Wasser tröpfelte
ich in eine Silberauflösung, welche dadurch wieder zu Hornsilber präcipitiret wurde. Das Wasser, so auf dem andern
Theil des Hornsilbers stund, änderte die Silberauflösung nicht,
auch hatte dieses Hornsilber seine weisse Farbe nicht geändert.
c) Ich goss Scheidewasser auf Hornsilber und setzte es in
einem Krystallglase den Sonnenstrahlen aus; es wurde aber
nicht schwarz; die Ursache erhellet aus § 62. Lit. c.

Vierter Versuch.

§ 64.

Ich liess eine Goldauflösung bis zur Trockene abrauchen,
darauf löste ich das Rückbleibsel wieder in destillirtem Wasser
auf, goss es in ein weisses Krystallglas und setzte es, mit
einem gläsernen Stöpsel verwahret, in die Sonnenstrahlen.
Vierzehn [70] Tage darauf fand ich, (wenn ich diese Solution insonderheit im Sonnenschein betrachtete) dass eine Menge
sehr zarter Goldflittern in dieser Auflösung zum Vorschein
gekommen; auch war die Oberfläche mit einer zarten goldenen
Haut überzogen. Dass ich die Goldsolution erstlich abge-
raucht, geschahe deswegen, damit die überflüssige Säure davon
komme, welche sonsten die Reduction einigermassen gehindert
hätte. Nun will ich noch einen Versuch anführen, welcher
uns von der Gegenwart des Phlogistons im Lichte noch mehr
überzeugen kann. Ein reines Scheidewasser löst den Braunstein nicht auf, es sey denn, dass ein brennbares Wesen zugesetzt werde, z. E. Zucker, alsdenn wird die Auflösung
klar wie Wasser und ohne Farbe. Wenn eine solche Solution mit Weinsteinalkali präcipitiret wird, so erhält man einen
weissen Präcipitat, welcher, nachdem er wohl edulcoriret und
getrocknet worden, nichts anders ist, als ein mit dem Phlogiston des Zuckers verbundener Braunstein. Scheidet man

das Phlogiston auf irgend eine Art davon, so hat man dem
Braunstein in seiner natürlichen schwarzen Farbe wieder.
(Siehe die Abhandl. der Königl. Schwedischen Academie der
Wissenschaften 1774.) Dieses zu erhalten ist der kürzeste
Weg, dass man diesen phlogistisirten Braunstein auf ein Blech
dünn ausbreite und solches auf glühende Kohlen lege, so
wird er sehr bald seine schwarze Farbe wieder erhalten.
Dieser Braunstein nun, wie zart er auch ist, löst sich ohne
[71] Phlogiston in der Salpetersäure nicht auf: Dieser ist es,
von welchem ich im folgendem rede.

Fünfter Versuch.

§ 65.

Ich goss etwa eine halbe Unze reine und rauchende
Salpetersäure in ein Krystallglas, von welchem siebenachtel
ledig blieb; hierein legte ich etwas von dem vorerwehnten
Braunstein, steckte den gläsernen Stöpsel darauf, und liess
dieses Glas zwey Stunden im Sonnenscheine stehen. Während
dieser Zeit hatte die Mischung ihre schwarze Farbe verlohren
und war klar geworden. Darauf legte ich wieder ein wenig
von dem vorgedachten zärten Braunstein zu, und nachdem
ich das Glas vermacht hatte, setzte ich solches abermal den
Sonnenstrahlen aus. Einige Stunden nachhero war dieser
Braunstein auch aufgelöset. Ich wiederholte diese Arbeit so
lange, bis die Säure keinen Braunstein mehr annehmen wolte.
Darauf mischte ich sechsmal so viel destillirtes Wasser zu und
filtrirte die Auflösung, welche ich nachgehends mit dem Alkali
des Weinsteins präcipitirte. Diesen weissen Präcipitat wusch
ich genau ab und trocknete ihn in gelinder Wärme. Dieses
ist der, nunmehro mit Phlogiston vereinigte Braunstein, zu
welchen sich die Luftsäure des Langensalzes gesellet. Will
man sich hievon überzeugen, so solvire man ihn in der vitriolischen Säure, und ziehe diese mit starkem [72] Feuer in
einer kleinen gläsernen Retorte wieder davon. Es hat alsdann
der im Residuo gebliebene Braunstein wieder seine natürliche
Farbe erhalten, die übergegangene Säure aber hat alle Eigenschaften des flüchtigen Schwefelspiritus. Oder man mische
1 Theil geriebenen Salpeter mit 4 Theile dieses weissen
Braunsteins, thue dieses in eine kleine Retorte und destillire
es; die Mischung wird sehr bald eine schwarze Farbe erhalten, und der Salpeter wird darauf alkalisirt befunden. Oder

noch deutlicher: Man fülle ein kleines Glas mit solchen phlogistisirten Braunstein, man stecke einen aus Kreide formirten Stöpsel darein, umgebe solches mit Sand in einem Tiegel: darauf halte man dieses Glas eine Viertelstunde glüend. Wenn es nun noch ziemlich heiss ist, nehme man es aus dem Sande und schütte den noch weissen Braunstein auf ein Papier aus. Sogleich wird er sich entzünden und in ein schwarzes Pulver verwandelt werden. Oder man lasse ihn vollends erkalten, schütte ihn alsdann auf ein heisses, doch nicht glüendes Blech, so fängt er an zu glüen, und wird wieder in seiner vorigen Natur hergestellt. Fragt man, warum ein solcher weisser Braunstein erstlich in verschlossenen Gefässen glüen soll, um diese Entzündung zuwege zu bringen? Wenn man solchen Braunstein, ehe er auf solche Art im verschlossenen gebrannt worden, auf ein heisses Stück Eisen legt, so wird er zwar auch calcinirt, aber die Entzündung ist kaum sichtbar, und dieses wegen der Luftsäure, womit [73] er verbunden; denn diese gehet zugleich mit in die Luft, so wie sich das Phlogiston scheidet: und da ein Theil Luftsäure mit acht bis zehn Theilen Luft gemischet, (§ 22.) das Feuer auslöschet, so ist es nöthig, dass man in verschlossenen Geschirren diese Luftsäure erstlich austreibe. Hier fängt nun das von den Sonnenstrahlen abgeschiedene Phlogiston wirklich Feuer.

Das Licht ist kein einfaches Wesen oder Element.

§ 66.

Wäre das Licht ein einfaches Wesen, so würde man sowohl aus angeführten Versuchen, als auch aus mehrern bereits bekannten Erfahrungen zu schliessen, kein Bedenken tragen, dass es nichts anders als das Principium inflammabile oder Phlogiston sey. Da ich aber bewiesen, dass dieses Element, in der Verbindung mit der Feuerluft, die Hitze und Wärme zusammensetzet, unsere Atmosphäre aber mit einer grossen Menge solcher Feuerluft angefüllet ist, so müste folgen, dass das aus der Sonne beständig ausfliessende Phlogiston sich mit unserer Feuerluft verbinde, alsdann blos Hitze zuwege bringe. und wir demnach in einer dicken Finsterniss wandern müsten. Nun aber finden wir, dass das Licht, wie stark es auch in die Enge gebracht wird, keine Wärme in der Luft hervorbringet; folglich kann ich mich nicht überreden, das [74]

Licht vor ein reines Phlogiston zu erkennen.   Zum andern
kann ich auch nicht aus meinen Versuchen schliessen, dass
das Licht nichts anders als das Phlogiston sei.   Es müste ja
alsdann den Salpeter im Brennpunkte alkalisiren und die
Kalche der unedlen Metallen reduciren, welches doch nicht
geschiehet.   Zwar könnte man mir den Einwurf machen, dass
eben so viel, als sich von diesen Kalchen reduciret, auch
wieder von der Luft durch Hülfe der in diesem Brennpunkte
vorhandenen Hitze calciniret würde.   Es kommt also darauf
an, diesen Versuch in einer Luft anzustellen, welche kein
Brennbares mehr annehmen will, nehmlich in einer verdorbenen Luft.   Herr Lavoisier und andere haben diesen Einwurf schon begegnet.   Er hat Metalle unter einer Glasklocke
vermittelst eines Brennglases calciniret; diese haben sich ihr
Brennbares nur blos in einer gewissen Menge Luft benehmen
lassen; das ist, so viel Feuerluft als unter der Klocke vorhanden gewesen, so viel Phlogiston hat sich auch nur von
den Metallen scheiden können.   Diese unter der Klocke zurückgebliebene Luft ist nun eine verdorbene Luft.   Warum
hat Herr Lavoisier diesen Kalch, nach fortgesetzter Calcination in selbiger Luft, nicht wieder reduciren können, wenn
der Einwurf gelten soll? Deswegen, weil diese Luft das
Brennbare nicht annehmen kann? Ein anderer könnte kommen,
und sagen: wenn das Licht nicht ein so zartes und reines
Phlogiston wäre, so würde es schon die unedlen metallischen
Kalche, so wie die Edlen [75] reduciren, weil die gemeinen
Metalle ein grobes Phlogiston in ihrer Mischung führten.   Ich
antworte: das Phlogiston ist in allen Körpern einerley und
nicht im geringsten unterschieden; das im Golde und Silber
ist dem gleich, so in Eisen und Oel vorhanden.   Die unedlen
Metalle reduciren ja die edlen, z. E. Kupfer giebt der im
Scheidewasser aufgelösten Silber- und Quecksilbererde ihre
metallische Gestalt wieder, u. s. w.   Man kann aber auch
sagen, dass sich das Phlogiston des Kupfers hier decomponire
und seinen zarteren Theil (welcher demjenigen, so durch die
Retorte dringet, und die Kalche der edlen Metalle reduciret,
gleich ist) an die Silbererde lege.   Ich frage: was denn das
Uebrige ist, so von diesem groben Phlogisto in der Kupfersolution zurück geblieben? Sollte sich etwas materialisches
von dem reinen Phlogisto, welches sich nunmehro mit der
Silbererde verbunden, abscheiden, (Herr Baumé glaubt, dieses
sey eine Kieselerde: so müsste folgen, dass diejenige Kupfer-

erde, welche aus der erhaltenen Kupferauflösung, nach Abrauchung und Eintrocknung derselben und nach der bereiteten
Scheidung der Salpetersäure vermittelst einer mit starkem
Feuer angestellten Destillation aus einer Retorte, in dem
Bauche des Destillirgefässes zurück bleibt, von der blossen
Glühhitze reduciret würde, weil hier die zarte Erde, womit
das reine Phlogiston vorhero verbunden seyn soll, noch zugegen
seyn muss, und demnach das durch den Tiegel dringende
reine Phlogiston sich [76] hiermit leicht wieder verbinden
könnte. Allein die Erfahrung hat mir gezeigt, dass dieses
gar nicht angehet. Man sieht leicht, dass alle solche Mey-
nungen daher entstanden sind, weil man die innere Beschaffenheit der Hitze nicht gekannt, und dieselbe bloss vor ein zartes
Phlogiston angesehen.)

Die schönen Farben, womit das Licht beständig pranget,
sind drittens Beweise, dass das Licht nicht lauter Phlogiston
seyn kann. Ihre Anziehungskräfte, womit sie auf die Körper
so verschieden wirken, geben schon zu erkennen, dass sie
nicht können gleichartig seyn, und folgende Erfahrung giebt
dieser Meynung noch ein grösseres Gewicht: Man setze ein
gläsernes Prisma vors Fenster und lasse die gebrochenen
Sonnenstrahlen auf die Erde fallen; in dieses farbichte Licht
lege man ein Stück Papier, welches mit Hornsilber bestreuet
ist: so wird man gewahr werden, dass dieses Hornsilber in
der violetten Farbe weit eher schwarz wird, als in den andern
Farben, das ist, dass der Silberkalch das Phlogiston von dem
violetten Lichte eher als von den übrigen Farben scheidet.
Da ich nun das Daseyn des Brennbaren im Lichte bewiesen,
auch dabey gezeiget, dass es nicht lauter Phlogiston seyn
kann, so folget, dass das Licht vor kein einfaches Wesen
angesehen werden kann [19]).

[77] Es verursachet, wenn seine Bewegung nicht unter-
brochen wird, weder Hitze noch Wärme.

§ 67.

Wenn man zwey gleiche Thermometer, von welchen das
eine mit einem dunkelrothen, der andere aber mit einem ungefärbten Spiritus gefüllet ist, in den Sonnenstrahlen aufhänget,
so wird man befinden, dass der gefärbte Spiritus weit eher
steiget, als der ungefärbte. Setzet man aber beyde Thermo-

meter in warmes Wasser, so steigen sie gleich geschwind.
Je mehr ein Körper der schwarzen Farbe näher kömmt, je
geschwinder wird er in den Sonnenstrahlen erhitzet.   Je
weisser er ist, desto langsamer.   Gleichwohl siehet man auch
hier, dass sie in einer warmen Flüssigkeit gleichen Grad
Wärme erhalten.   Die Ursache dieser Erscheinung liegt in der
mehr und wenigern Anziehungskraft, welche die Körper zum
Lichte äussern: Daher diejenigen, welche das anfallende Licht
nach allen möglichen Linien zurückstossen, und weisse Körper
genennet werden, auch nur wenig und sehr langsam warm
werden.   Eben dieses gilt auch von solchen, welche die Lichtstrahlen ungehindert durchlassen, und die man durchsichtige
helle Körper nennet.   Die von denen Sonnenstrahlen hervor-
gebrachte Wärme liegt also blos an ihrer von gewissen Körpern verhinderten schnellen Bewegung.   Hier entsteht also
die Frage: Ob diese Wärme denen Sonnenstrahlen eigen, oder
ob sie von den Körpern ihren Ursprung nimmt?

[78]   § 68.

Ich habe in vorhergehenden § § Versuche angeführet,
dass die strahlende Hitze (§ 57.) weder mit der Luft noch
polirten Metallen zusammen hänge, sondern mit einem metallenen Hohlspiegel einen zündenden Brennpunkt zuwege bringe;
dass sie aber auch mit diesen Metallen und der Luft, nachdem
sie vorhero mit andern Körpern vereiniget gewesen, leicht
zusammen hänge.   Dieses sind Eigenschaften, welche dem
Lichte gleichfalls zu kommen.   Ich habe aber auch daselbst
bewiesen, dass diese entzündende Eigenschaft der strahlenden
Hitze, nicht dem mit ihr vermischten Lichte zuzuschreiben sey
(§ 27.), sondern nur alsdann solche Wirkung offenbaret, wenn
diese Hitze von den Körpern angezogen wird.   Sollte dieses
nicht von den Sonnenstrahlen gelten?   Ich will aber setzen,
die Wärme, welche die meisten Körper von dem Sonnenlichte
erhalten, ist eben die, welche in den Zwischenräumchen der
Körper enthalten und durch das Reiben (man will ja allemal,
dass die Wärme vom Reiben entstehet?), welches das Sonnenlicht verursachet, in Bewegung gesetzet wird.   Die Luft,
welche, in ihrem reinen Zustande betrachtet, von den Sonnenstrahlen nicht merklich warm wird, wird warm, wenn sie
einen Körper umgiebt, auf welchen das Sonnenlicht eine kleine
Zeit gewürket hat, welches die Hauptursache von der Wärme
ist, die wir zur Sommerszeit in der Luft empfinden.   Dieses

zum [79] voraus gesetzt, muss folgen: dass der Körper von
seiner natürlichen Menge Wärme verlieren muss. Geschiehet
dieses, so muss es eine ansehnliche Menge ausmachen, wenn
die Sonne beynahe alle Tage den ganzen Sommer durch ihn
bestrahlet hat. Demohngeachtet finde ich, dass ein Stück
Eisen z. E. bey Herbstzeiten von dem Sonnenlichte, dem
Gefühle nach, eben so heiss wird, wie im Frühlinge, wie
auch wenn man es hin und her beuget. Es ist zwar hier
ein schwerer Einwurf zu machen, nemlich, diejenige Wärme,
welche der von den Sonnenstrahlen getroffene Körper bey
Tage verlieret, kann er wieder nach dem Untergange der
Sonnen und bey Nacht aus der Luft und denen Körpern,
womit er umgeben ist, anziehen; und vielleicht wäre auch
dieses eine Ursache, warum es bey Abend- und Nachtzeiten
so kühle wird. Ich stellete also, um diesen Einwurf zu begegnen, folgenden Versuch an: Ich hieng den 22. Junii ein
schwarzes bleyernes Blech in freyer Luft auf, so dass die
Sonne den ganzen Tag darauf scheinen konnte; das Blech
war beständig so heiss, dass eine zarte Hand es nicht lange
halten konnte. Zwey Stunden vorhero, ehe die Sonne unter-
gieng, rollte ich das Blech zusammen und legte es in ein
Bierglas, welches mit Wasser gefüllet war. Darneben setzte ich
ein ander Bierglas, auch mit Wasser gefüllet, in beyde aber ein
Thermometer. Der Spiritus desjenigen Thermometers, welches
in dem Glase mit dem Bleche stund, fieng wegen der Wärme,
welche [80] dieses Blech bey sich führte, sogleich an ein wenig
zu steigen. Zwey Stunden nachhero war die Wärme in beyden
Gläsern gleich. Ich betrachtete die Höhe des Spiritus die
ganze Nacht hindurch. So viel aber der eine fiel, so viel
fiel auch der andere. Sollte nicht das Wasser, in welchem
das bleyerne Blech lag, eine grössere Menge Wärme verlieren,
wenn obiger Einwurf seine Richtigkeit hätte? Ich bin also
sehr geneigt zu glauben, dass das Sonnenlicht kein Zeichen
von Wärme von sich giebt, so lange es seine geradlinichte
Bewegung ohne Hinderniss fortsetzet. Wenn es aber durch
die Anziehungskräfte der Körper angehalten wird, so wird
seine Wärme sogleich merklich, eben so, wie es mit der
strahlenden Hitze (§ 57.) geschiehet.

Die Bestandtheile des Lichts.

§ 69.

Da die Lichtstrahlen, wenn sie auf Körper fallen, welche eine Anziehung dazu haben, in Wärme verwandelt werden, so scheinet es anfänglich, dass das Licht nichts anders als eine mit einer unglaublichen Geschwindigkeit bewegte Wärme sey: Denn es dehnet die Körper, womit es sich verbunden, so wie die Wärme aus: Unsere Nerven bekommen von dieser Wärme eben dieselbige Bewegung, als sie von der Feuerwärme erhalten. Es ist alsdann auch unsichtbar, so wie die Wärme. Es macht das Hornsilber alsdann nicht schwarz, reduciret den [81] Goldpräcipitat nicht, die rauchende Salpetersäure wird nicht roth, und der Braunstein wird darinnen nicht aufgelöst. (Gerade das Gegentheil von dem, was ich §§ 62. 63. 65., angeführet). Dieses wird man gewahr, wenn man das Glas in welchem dergleichen enthalten, mit einer dicken schwarzen Farbe anstreichet und die Sonnenstrahlen einige Tage nach einander darauf wirken lässt. Das Glas wird hier heiss, aber die in selbigen enthaltenen Körper leiden keine Aenderung. Dass von den Körpern aufgehaltene Licht bringt also Erscheinungen der Wärme hervor; folglich ist es mehr als wahrscheinlich, dass das Licht aus eben denselbigen Principiis als die Hitze zusammengesetzet ist. Da aber das Licht mit noch andern Eigenschaften, wenn es frey und ungehindert seinen Lauf fortsetzet, als die Wärme und auch als die strahlende Hitze begabet ist, so bekömmt man Anlass das Licht nicht schlechterdings für lauter Wärme anzusehen; zum wenigsten ist man berechtiget zu glauben, dass vielmehr dessen Bestandtheile in einer andern Proportion als in der Hitze seyn müssen. Es ist denen, welche in der Chemie mit Vernunft arbeiten, nicht unbekannt, dass eine grosse Anzahl von Körpern vorhanden ist, welche sich mit dem Brennbaren in mehrerer und wenigerer Menge nicht allein verbinden, sondern auch bey jedweder Vereinigung andere Eigenschaften erhalten. Ich habe bereits hievon in § 27. geredet; auch die Vitriolsäure zeiget das nemliche. Warum sollte auch [82] dieses nicht von der Wärme gelten, da ich bewiesen habe, dass sie eine aus Phlogiston und der Feuerluft zusammengesetzte Materie ist? Wenn sich diese Feuerluft mit etwas mehr Phlogiston, als um Wärme hervorzubringen. verbindet, so entstehet die strahlende Hitze, kommt noch etwas weniges vom Phlogisto hinzu, so wird die Eigenschaft, welche ich an der strahlenden Hitze entdecket, vermehret; es entstehet das Licht. Ja nur das allergeringste Stäubchen von mehr und weniger Phlogiston ist es, welches die überaus herrliche Pracht der mancherley Farben, ich meyne die so vielerley Arten Licht, zuwege bringet. Unter diesen ist das violette und purpurfarbigte Licht dasjenige, welches am wenigsten Phlogiston bey sich führet, weil das Prisma es stärker als die andern Lichtarten anziehet, zumalen da ich sehe, dass die strahlende Hitze (§ 57.) welche gewiss etwas weniger Phlogiston als das Licht hat, gleichfalls vom Glase und noch stärker angezogen wird. Es erhellet zugleich hieraus, warum das Auge die violetten Strahlen länger als die rothen betrachten kann, weil jedes Licht- theilchen in den rothen Strahlen mit etwas mehr Phlogiston verbunden, daher dieses Licht, wie zart es auch ist, aus grössern Theilchen als das violette bestehen muss, folglich auch eine grössere Wirkung auf unsere Sehnerven zuwege bringen muss. Die violetten Strahlen reduciren das Hornsilber eher als die andern (§ 66.). Es scheinet, dass da diese Strahlen von dem Prisma stärker als die andern angezogen [83] werden, sie sich nachgehends etwas langsamer bewegen, daher die Silbererde ihre Anziehung hier länger verrichten, und folglich das violette Licht eher decomponiren kann.

Ich glaube demnach, dass jedes Lichttheilchen nichts an- ders ist, als ein zartes Theilchen Feuerluft, welche mit ein wenig mehr Phlogiston, als ein eben so zartes Theilchen Wärme hat, verbunden ist.

§ 70.

Die im Anfange des vorhergehenden § angeführten Er- fahrungen, geben mir Anleitung zu fragen: Warum das Licht ganz andere Eigenschaften zeiget, nachdem es von den Körpern angezogen, und dadurch die Haupteigenschaften der Wärme erhalten?

Es wäre hierauf leicht zu antworten, wenn ich beweisen könnte, dass alle Körper das überflüssige Phlogiston vom Lichte anhielten. Das thun aber nur wenige, und wenn solches wäre, müssten alle Körper, welche die Sonnenstrahlen eine Zeitlang getroffen, merkliche Aenderungen gelitten haben, welches wir doch nicht bemerken. Eben so schwer ist auch die Erklärung, warum die strahlende Hitze (§ 57.) durch diejenigen Körper, welche dieselbe anziehen, in Wärme verwandelt wird. Die chemischen Anziehungen, welche die wunderbarsten Veränderungen in denen Körpern zuwege [84] bringen, sind nur alsdann wirksam, wenn die Körper einander in allen möglichen Punkten berühren. Die Wärme, als eine Materie, kann keinen Körper durchdringen, sie hält sich bloss in dessen Zwischenräumchen auf. Sie berühret alsdann nur die Materie des Körpers in sehr wenigen Punkten; wird mehr Wärme hinzugethan, so berühret sie ihn schon in mehreren Punkten; wird aber noch mehr gleichsam eingepresset und der Körper ist so beschaffen, dass er das Brennbare stärker anziehet, als die Feuerluft solches anziehen kann, so wird die Hitze zerstöhret. So ist es mit der Reduction der edlen metallischen Kalche durch blosse Hitze beschaffen, welches nicht eher geschiehet, bis diese Kalche entweder glüen, oder doch dem Glüen sehr nahe sind. Wenn ich nun diese Theorie auf das Licht anwende, so muss diese so zarte und mit einer so erstaunenden Geschwindigkeit bewegte Materie die Körper genau berühren, und in demselbigen Augenblick von denenjenigen so eine starke Attraction zum Phlogisto haben, auch decomponiret werden. Wenn aber seine heftige Bewegung durch die anziehenden Kräfte anderer Körper gehemmet worden, und es alsdann seine Wirkung als blosse Wärme verrichtet, so hält sie sich in den Zwischenräumchen dieser Körper auf, gehet aus diesen in andere über, welche weniger davon enthalten, ohne die Materie dieser Körper wenig oder gar nicht zu berühren; folglich kann auch das Hornsilber, u. s. w. nicht reduciret werden.

[85]   Von dem Feuer.

§ 71.

Nunmehro komme ich auf die Hauptsache, welche eigentlich der Gegenstand aller vorhergehenden Versuche gewesen ist. Ich sehe, wie höchst nützlich die Erkenntniss des Feuers für denjenigen seyn muss, der eine, so viel als möglich, genaue Einsicht in den Eigenschaften und Bestandtheilen aller und jeder Körper zu erlangen bemühet ist. Dergleichen Untersuchungen, welche den Grund und die Erklärung so vieler andern Erscheinungen in sich fassen, müssen mit grossen Fleiss angestellet werden, um den falschen Systemen zu entgehen, welche uns von einer Ungewissheit zu der andern führen. Untersuchungen, welche eigentlich diejenigen auf sich zu nehmen und zu verantworten berechtigt sind, welche so mancherley, wo nicht den grössten Theil ihrer Erfahrungen im Feuer unternehmen. Chemisten sind es, welche ich hier meyne. Allein, wie kann man eine deutliche Einsicht von dieser Materie erhalten, wenn Leute sowohl durch schriftliche als mündliche Unterredungen von der grossen Schwierigkeit, welche die Ausforschung des Feuers mit sich bringt, abgeschreckt werden: da nehmlich so viele Jahrhunderte vorbeygeflossen, und man nur so wenig gewisses, welches blos dessen Eigenschaft betrift, ans Licht gebracht hat. Weit gefehlt, dass der, welcher natürliche Erscheinungen zu wissen sich angelegen seyn lässt, dieses als eine Richtschnur gelten [86] lassen, und nicht hoffen sollte, in dieser Sache grössere Deutlichkeit zu erlangen. Viele erklären hingegen das Feuer so leicht, dass man alles mit Händen greifen kann. Sie erwägen dabey die vielen Einwürfe nicht, die dabey können gemacht werden. Hier ist die Wärme Feuer: Da ist das Licht Feuer: Hier ist die Wärme das elementarische Feuer: Dort ist es eine Wirkung des Feuers: Hier ist das Licht das reinste Feuer, und ein Element: Dort ist das Licht schon in dem ganzen Weltraum ausgebreitet, und durch den Stoss des Elementarfeuers wird es in eine geradlinichte Bewegung gesetzt: Hier ist das Licht ein Element, welches durch Hülfe des Acidi pinguis gefesselt, und durch die Ausdehnung dieser fingirten Säure wird es wieder in Freyheit gesetzt, u. dgl. mehr. Was ist wohl nöthiger, als neue Versuche anzustellen, um aus solchem Labyrinth heraus zu kommen? Ehe ich mich aber weiter auf diese Sache einlasse, so bin ich schuldig zu erklären, was ich durch das Wort, Phlogiston, eigentlich verstehe.

Das Phlogiston.

§ 72.

1) Das Phlogiston ist ein wahres Element, und ein ganz einfaches Principium*). 2) Es [87] kann durch die Anzie-

---

*) Es sind viele, welche glauben, dass das Phlogiston eine Verbindung des elementarischen Feuers, wie sie die Wärme benennen, mit einer zarten Erde ist. Diese Erde ist nach Herrn Baumé's Meynung die Kieselichte. Denn diese Erde hält derselbe für die

bungskräfte gewisser Materien von einem Körper in dem andern versetzet werden; diese Körper leiden alsdann wichtige Veränderungen, so dass sie nicht selten dadurch geschickt werden, durch die Wirkung der zwischen ihren Theilchen sich setzenden Wärme oder Hitze, in Fluss oder auch in elastischen Dunst zu gerathen: und in dieser Absicht ist es die Hauptursache zum Geruch. 3) Sehr oft bringt es die Theilchen der Körper in [88] eine solche Stellung, dass diese entweder alle, oder nur gewisse Lichtstrahlen, oder auch wohl gar keine anziehen. 4) Bey dem Uebergange von einem Körper in dem andern, theilet es ihm weder Licht noch Hitze mit. 5) Mit der Feuerluft aber gehet dieses Element in eine so zarte Verbindung, dass es sehr leicht durch die zartesten Oeffnungen aller Körper dringet. Es entstehet nemlich aus dieser Vereinigung die Materie des Lichts sowohl als auch die Materie der Wärme. Bey allen diesen Verbindungen untergeht das Phlogiston nicht die geringste Veränderung, und kann aus der letzten Verbindung wieder von neuem geschieden werden. Für sich allein kann das Phlogiston unmöglich erhalten werden, denn es scheidet sich von keinem Körper, wenn es auch noch so locker mit ihm verbunden ist, woferne nicht ein anderer zugegen ist, welcher es unmittelbar berühret.

Die feuerfangenden Körper.

§ 73.

Diejenigen Körper, welche brennbare genennet werden, sind entweder hart, weich oder flüssig. Hierher gehören Schwefel, Steinkohlen, Zink, Birnstein, Wachs, Kampfer, Oele,

---

ursprüngliche oder Primordialerde. Wenn diese Erde in Feuer geräth, so scheidet sich die Hitze davon und gehet in die Luft. Verbindet sich dieses Elementarfeuer mit der Luft, oder wird es nur darinnen zerstreuet? Warum kann man denn nicht aus der Hitze und aus der Kieselerde Phlogiston zusammen setzen? Herr Baumé saget, das kohlichte Residuum der destillirten Oele sey beynahe reines Phlogiston. Wenn eine solche zarte Kohle verbrennet, so restiret nur überaus wenig Erde. Es ist unbegreiflich, wie so wenig Erde eine solche Menge Hitze oder Elementarfeuer sollte absorbiren können. Denn was hier nach dem Verbrennen fehlet, ist das Gewicht der Hitze. Allein, wieget denn die Luftsäure nichts, die sich in so grosser Menge von dieser Kohle unter dem Verbrennen scheidet?

Weingeist u. a. m. Das Phlogiston ist in diesen Körpern in einer grossen Menge zugegen, doch eben nicht sehr fest mit ihnen verbunden. Eine Menge von Erfahrungen scheinen zu beweisen, dass das saure [89] Grundwesen eigentlich diejenige Materie ist, womit das Phlogiston in eine mehr und weniger feste Verbindung zu gehen aufgeleget ist. Den Einwurf, welchen man deswegen in Ansehung der metallischen Erden zu machen berechtiget ist, scheint mir von keiner Erheblichkeit zu seyn. Ich sehe, dass die Säure des Arseniks mit ein wenig Brennbaren das Ansehen einer Erde erhält, und mit mehrerm die Gestalt eines Reguli bekömmt. (§ 41.) Wie, wenn ich glaube, dass alle metallische Erden, ja alle Erden, unterschiedene Arten von Säuren sind? Das Wasser ist die durch die Wärme flüssig gemachte Haupterde. Sie ist es, welche die Säuren figiret, obgleich beyde flüchtig sind. Die phosphorische Säure ist flüchtig. Man siehet dieses, wenn der Phosphorus in einem verschlossenen Glase verbrannt wird. Die Säure setzet sich alsdann im Glase allenthalben an, und kann durch ein brennendes Licht von der einen Seite auf die andere sublimiret werden, kommt aber das Wasser dazu, so kann dieses Acidum Glühhitze aushalten, ohne wegzurauchen. Die rauchende Vitriolsäure, die rauchende Salpeter- und Salzsäure, ja auch der koncentrirte Essig werden alle durch Wasser etwas figiret. Von denenjenigen Säuren, welche eigentlich mit den wässrichten Dünsten so figiret werden, dass sie den Namen Erde verdienen, kennen wir bis jetzt nur eine. Dieses ist die Flussspathsäure; sie ist es, welche mit den Wasserdünsten die Kieselerde zuwege bringet; eine Erde, deren Bestandtheile [90] wieder aufzulösen die Chemie noch nicht vermögend gewesen ist [20]). So ist es auch mit den andern Erden beschaffen. Die Eigenschaften der metallischen Erden, das Brennbare anzuziehen, muss blos auf der Natur ihrer Säuren beruhen; die vitriolische, Salpeter- und phosphorische Säure ziehen solches stark, die Salz- und Flussspathsäure aber kaum merklich an. Dahero findet man auch, dass die Kieselerde keine Verwandschaft damit hat. Die Verbindung, welche die meisten Erden mit den Säuren eingehen, beruhet blos auf etwas Phlogiston, womit diese Säuren oder Erden sehr genau verbunden sind. Der Braunstein ist es, welcher mir zu dieser Muthmassung Anleitung giebt. Dieser Körper hat vieles mit der Kieselerde gemein; ist auch in den Säuren unauflöslich. Kömmt aber ein Phlogiston in seine Mischung, so erhält er

alle Eigenschaften einer absorbirenden Erde. (§ 64.) Könnte
man das an den metallischen und andern absorbirenden Erden
so fest sitzende Phlogiston auf eine vernünftige Art scheiden,
so würden sie wahrscheinlicher Weise ihre saure Natur merklich offenbaren. Wer siehet nicht, dass hier ein weites Feld
von neuen und schönen Versuchen vor uns stehet? Doch ich
sehe schon, dass ich von meinen Vorsatz zu weit abgekom-
men bin.

§ 74.

Die ölichten Mischungen kennen wir ziemlich genau.
Wir wissen die Bestandtheile des Schwefels [91] und Phosphori. Obgleich die Nachkünstlung der animalischen und
vegetabilischen Oelen sehr schwer hält, so sind doch deren
Bestandtheile klar vor Augen, und man wird nach einer ver-
nünftigen Ueberlegung bald finden, dass es eine schwere Auf-
gabe ist, selbige durch die chemische Kunst zusammen zu
setzen. Wir finden bey einer genauen und gänzlichen Zerstöhrung solcher Oele nichts anders, als Phlogiston, Luftsäure
und Wasser. Zwar glaubt man, dass sie eine dem Essig
gleichende Säure in sich enthalten, welche man auch durch
die Destillation in geringer Menge aus ihnen heraus holen
kann; da sich aber dieses Acidum noch weiter zerstöhren
lässt, und man alsdann auch nichts anders als Wasser, Luftsäure und Phlogiston erhält; und da es auch zu glauben ist,
dass solche Säure während der Destillation aus bemeldeten
Bestandtheilen sich leicht zusammensetzen kann, und ohnedem
noch niemand aus den vegetabilischen Säuren und Phlogiston
ein Oel zusammengesetzet hat: so glaube ich, dass man solche
komponirte Säure als einen Bestandtheil der Oele anzugeben
keine Ursache habe. Warum aber können wir solche Oele
nicht sowohl, wie den Schwefel zusammensetzen? Wenn das
Phlogiston mit der Luftsäure sich verbinden soll, so muss dazu
ein Körper angewendet werden, welcher Phlogiston bey sich
führet. Wollte man hierzu einen solchen erwählen, welcher
das Phlogiston stärker, als die Luftsäure solches anhält, so
würde man sehr ungeschickt handeln. [92] Die phosphorische,
vitriolische und salpeterichte Säure, die metallischen Erden
und die Feuerluft, sind alle solche Materien, welche die Kohlen
und Oele dekomponiren, und in diesen letztern ist das Phlogiston mit der Luftsäure verbunden. Die in diesen ölichten
Körpern vorhandene mehrere oder wenigere Erde, ist nur bloss

als zufällig anzusehen: denn so wenig als Erde zu dem
Schwefel und Phosphoro nöthig ist, eben so wenig ist sie auch
hier nöthig. Wie schwer muss also diese Zusammensetzung
seyn! Genug, ihre Bestandtheile sind Phlogiston, Luftsäure
und Wasser.

Das Feuer.

§ 75.

Das Feuer ist derjenige bekannte mehr und weniger
hitzende und mehr und weniger leuchtende Zustand gewisser
Körper, in welchen sie durch Hülfe der Luft gerathen, nachdem sie vorher einen gewissen Grad von Hitze empfangen
haben, bey welchem Zustande sie in ihre Bestandtheile aufgelöset und gänzlich zerstöhret werden; wobey auch ein besonderer Theil der Luft allemal verlohren gehet.

Anm. 1. Hieraus erhellet zugleich, dass das Glühen der
Steine, Erden, Salze u. dgl. kein Feuer kann genennet werden, weil die Luft hierdurch ausser der Ausdehnung keine
Aenderung leidet, auch solches Glühen ohne Luft geschehen
kann.

[93] Anm. 2. Man kann also auch die Hitze und die
Wärme nicht Feuerluft nennen, weil solche ohne Luft auf
vielerley Art kann hervorgebracht werden. Eben dieses gilt
von der Schwefelleber, von einigen Oelen, Leinölfürniss, Eisenfeil, u. dgl. Diese bringen zwar durch Hülfe der Luft eine
Wärme hervor, wobey ein Theil Luft auch wirklich verlohren
gehet. (§ 51.) Da aber hier das Licht fehlet, so kann ihnen
der Name Feuer nicht beygelegt werden.

Anm. 3. Das Leuchten gewisser Arten Steine, wenn sie
erhitzet werden, der bononische und balduinische Phosphorus [22]),
das elektrische Licht und Sonnenlicht, sind ebenfalls nicht als
Feuer anzusehen, weil die Luft hier gleichfalls keine Aenderung untergehet, auch solches in luftleren Raum geschehen
kann. Dahingegen ist der Urinphosphorus ein wahres Feuer,
denn er leuchtet, ist warm, wird zerstöhret und absorbiret
Luft. Keines von diesen geschiehet in verdorbener Luft oder
ohne Luft. Es ist unrecht geredet, wenn man sagt: das
Wasser bestehet aus Eisstheilchen und Feuer, das in den
Körpern verschlossene Feuer, das Sonnenfeuer und dergleichen mehr.

§ 76.

Nun will ich meine aus vorhergehenden Versuchen hergeleitete Theorie, von der Entstehungsart des Feuers und denen dabey sich zeigenden Erscheinungen, beschreiben, und solche dem Urtheile meiner Leser überlassen.

[94] 1) Einem jedweden brennbaren Körper muss erstlich eine gewisse Menge Hitze mitgetheilet werden, um in die feurige Bewegung zu gerathen.*)

[95] 2) Alsdann ist er geschickt, sein Phlogiston fahren zu lassen, woferne nur eine Materie zugegen ist, welche eine stärkere Anziehung zum Brennbaren als diejenige hat, womit es vorhero verbunden ist.**)

3) Geschiehet solche Erhitzung in der freyen Luft, so hat die allda vorhandene Feuerluft eine stärkereAnziehung. ***)

[96] 4) Sogleich muss das feuerfangende Principium

---

*) Da die Hitze ein sehr zarter, elastischer und flüssiger Körper ist, so dringt sie in die Zwischenräumchen dieser brennbaren Körper, und hebt ihren Zusammenhang auf. Die Oele werden alsdann in einen Rauch verwandelt; dadurch erhält die Luft Gelegenheit, solche in mehreren Punkten zu berühren, und folglich wird der Anfang zu der Zerstöhrung derselben gemacht. Je schwächer die Bestandtheile der brennbaren Körper zusammen hängen, je weniger Hitze wird erfordert um die Entzündung hervorzubringen. Der Phosphorus braucht nur wenig Wärme. Ich schnitte etwa ein Drachma Phosphorus in kleine Stücke, um zu sehen, ob das Leuchten dieses Körpers auch wirklich eine grössere Wärme hervorbringt, als die Luft bey sich führet. Darauf setzte ich die Kugel des Thermometers mitten in diese Stücken des Phosphori. Der Spiritus fieng an zu steigen, und nach Verlauf einer Viertelstunde entzündete sich der Phosphorus. Ein Stück Phosphorus entzündet sich nicht von selbst. Es müssen also die vielen Flächen, welche der Feuerluft eine grössere Menge Phlogiston mittheilen, auch mehrere Wärme hervorbringen; daher ist solche Entzündung leicht zu erklären. Der flüchtige Aether des Vitriols entzündet sich, wenn man ein glühend Eisen darüber hält; eben so verhält sich die vom Eisen oder Zink durch die vitriolische Säure entstehende brennende Luft. Der Schwefel braucht weniger Hitze, als die fetten Oele. Das in der Luft vorhandene Wasser ist die Hauptursache zur Entzündung des Pyrophori; wovon weiter hin.

**) Ist das Phlogiston mit der Luftsäure verbunden, so sind die phosphorische, salpeterichte und Arseniksäure, metallische Erden, u. dgl. solche, welche der Luftsäure das Brennbare rauben: doch wird in diesem Falle weder Hitze noch Licht erzeuget.

***) Dass die Feuerluft eine sehr starke Verwandschaft mit dem allgemeinen Phlogiston hat, habe ich auf sehr vielen Stellen in dieser Abhandlung gezeigt.

hervortreten, sich mit dieser Feuerluft verbinden, und aus
seinem Gefängnisse befreyet werden.*)

5) Aus dieser Verbindung wird die Hitze zusammengesetzt, welche der verdorbenen Luft anhängt, solche ausdehnet
[97] und nach den hydrostatischen Gesetzen in die Höhe
steiget.**)

---

*) Da denn nothwendig die Luftsäure, wenn es Oele und
Kohlen sind, die Vitriolsäure, wenn es Schwefel ist, die Urinsäure,
wenn es Phosphorus ist, und die metallischen Erden, wenn es
Metalle und, von dem Phlogiston befreyet werden, aber freylich
nur selten in ihren reinsten Zustand kommen. Die Vitriolsäure
behält so viel davon, dass der flüchtige Schwefelspiritus erzeugt
wird. Die Arseniksäure behält, nachdem der Regulus verbrannt
ist, so viel Phlogiston als zum Arsenik zu seyn nöthig ist. Was
ist es denn Wunder, dass die Arseniksäure die Hitze dekomponiret
und zu Arsenik wird? (§ 41.) Sollte man wohl zweifeln, ob die
Vitriolsäure durch die Hitze in eine flüchtige Schwefelsäure verwandelt wird? Die metallischen Kalche behalten gewiss auch etwas
Brennbares zurück.

**) Sie hängt mit der verdorbenen Luft zusammen. (§ 56. III.)
Denn so viel als Feuerluft damit vermischet war, so viel hat sich
auch mit dem Phlogisto verbunden; sammlet man die Luft, die
durch glüende Kohlen streicht, so wird man ein brennendes Licht
sogleich darinnen auslöschen sehen. Die Hitze oder Wärme wird
zwar nicht allemal erstlich aus diesen zweyen Bestandtheilen zusammengesetzt, sondern sie ist schon vorhero in denen meisten,
wo nicht in allen Körpern vorhanden. Wer will aber glauben,
dass in den ölichten Mischungen so viel Hitze, als man, nachdem
sie in die feurige Bewegung gerathen, fühlen kann, enthalten ist?
Diejenige allein, welche, ohne dass die Luft dazu nöthig ist, auf
irgend eine Art hervorgebracht wird, ist es, welche bereits in den
Körpern zugegen, und dieses auf zweyerley Art: Einmal füllet sie
die zarten Zwischenräumchen der Körper aus, in welche sie sich
gleichsam wie in die zartesten Haarröhrchen eingezogen. Zum
andern ist sie auch mit gewissen Körpern verbunden, und macht
einen Bestandtheil derselben aus; wovon weiterhin. Die Hitze,
welche sich in den Zwischenräumen aufhält, ist gänzlich unwirksam,
weil die Anziehungskräfte der Materie selbiger an ihrer Elasticität
hinderlich sind, indem auch alle Erfahrungen zu zeigen scheinen,
dass alle Wirkungen, welche die Hitze an den Körpern zuwege
bringet, blos der Ausdehnung zuzuschreiben sind. Diese eingeschlossene Wärme lässt sich auf zweyerley Art davon trennen.
Es müssen nemlich entweder die zarten Oefnungen noch dichter
gemacht werden, (solches geschiehet durch eine gegenseitige Rei-
bung zweyer Körper, durch die Beugung und Hämmerung der
Metalle. Muss nicht die Wärme hervortreten, wenn die Zwischenräume durch die Hin- und Herbeugung der Metalle an der einen
Seite geöfnet und auf der andern zusammengedruckt werden?)
oder es müssen auch die Partes Integrantes der Körper von ein-

[98] 6) Kaum ist diese Hitze erzeuget, so wird der brennbare Körper dadurch noch weiter als im Anfange ausgedehnet und sein Phlogiston noch mehr entblösset. *)

7) Die Feuerluft kommt alsdann mit mehr Phlogiston in Berührung, sie verbindet sich also ihrer Natur nach mit einer etwas grösseren Menge, und hieraus wird [99] alsdann die strahlende Hitze hervorgebracht. **)

8) Und in eben diesem Augenblicke werden die Bestandtheile des brennbaren Körpers durch die noch mehr überhandnehmende Hitze dermassen aus einander gesetzet, dass die in beständigem Strome hinzufahrende Feuerluft das Phlogiston in noch grösserer Menge anziehet, und (o wunderbares Phänomen!) alsdann wird hieraus die höchst elastische Materie, das Licht, zusammengesetzt, welches, nachdem die [100] Menge des Brennbaren ist, auch unterschiedliche Farben hat. ***)

ander getrennet werden; solches geschiehet zum Theil durch die Gährung und Fäulung, und auch durch chemische Auflösungen.

*) Je mehr die Hitze zunimmt, je zärter werden die Theile aufgelöst, die Feuerluft trift mehrere Flächen an, und kömmt also mit mehr Phlogiston in Berührung.

**) Sehen wir nicht, dass die vitriolische Säure in der Verbindung mit wenig Phlogiston zum Schwefelspiritus, und mit mehr zu Schwefel wird? die Arseniksäure hat die nemliche Eigenschaft; die Salpetersäure auch; die metallischen Erden zeigen eben dieses, und der Braunstein wird mit etwas Phlogiston zu einer Art absorbirender Erde, und mit mehr zum Regulus. Die Feuerluft ist eben diesen Gesetzen unterworfen.

***) Wenn endlich die in grosser Menge erzeugte Hitze die allerkleinsten Theilchen der ölichten Körper so weit aus einander getrieben, dass sie keine mehrere Hitze anzunehmen fähig sind, so ist leicht zu erachten, dass auch die Bestandtheile selbst von einander getrennet werden: dieses kann so viel leichter geschehen, da hier eine Materie zugegen ist, welche das Phlogiston in grosser Menge an sich zu ziehen im Stande ist: die Feuerluft, welche als ein Strom beständig hinzufähret, nimmt so viel von dem Phlogisto an sich, als um Licht zusammen zu setzen vonnöthen ist. Da aber das Phlogiston die Feuerluft in allen Punkten nicht genau genug, wegen der mit in der Flamme sich befindenden und vom Phlogisto verlassenen Säure, berühren kann, so muss auch die Feuerluft mit verschiedenen Proportionen Phlogiston (obwohl der Unterschied nur von sehr wenigen mehr und wenigeren Stäubchen entstehet) verschiedene Eigenschaften annehmen und uns insonderheit verschiedene Farben zeigen, wenn sie durch das Prisma zertheilet werden.

Alle diese Erscheinungen, nemlich die Hitze, strahlende Hitze und Licht, werden so geschwind auf einanderfolgend hervorgebracht, dass noch nicht ein Augenblick verstrichen, so sind sie da, und

[**101**]   § 77.

Was das Leuchten einiger Steinarten, nachdem sie gerieben oder erhitzet worden, betrift, so scheinet mir sehr
wahrscheinlich zu seyn, dass das Licht auch erstlich zusammengesetzt wird. Es ist nicht zu zweifeln, dass in dem
Kalch, Flussspathe und mehreren Arten [**102**] etwas Phlogiston sich aufhalte. Wenn nun solche Steine entweder durch
das Reiben oder durch die Hitze erhitzet werden, so verbindet
sich das Phlogiston mit dieser Hitze, und folglich bekommt
die Feuerluft mehr Phlogiston; daraus wird alsdann das Licht
zusammengesetzt. Denn es ist gleichviel, [**103**] ob die Feuerluft so viel Phlogiston auf einmal anziehet, als um Licht zu
machen erfordert wird, oder, ob die Hitze etwas mehr Phlo-

---

im andern Augenblicke sind sie wieder, so zu sagen, verschwunden,
und von neuem wieder sowohl Hitze als Licht hervorgebracht. Je
mehr die Luft zusammengedruckt ist, je dichter ist auch die Feuerluft. Daher berühret solche den brennbaren Körper in mehreren
Punkten, und demnach wird auch mehr Hitze und Licht erzeugt;
folglich muss auch der brennbare Körper eher in Asche verwandelt werden. Ein starker Luftzug und Blasebalg zeigen dieses.
Wenn nicht viel Phlogiston in einer ölichten Mischung zugegen,
dass die Feuerluft damit gleichsam saturiret werden kann, so ist
gemeiniglich das Licht blau gefärbt; solches siehet man an der
Kohlenflamme, brennenden Luft, Schwefel und Spiritus Vini. Gewisse in der Flamme befindliche fremde Dünste, scheinen gewisse
Arten von Licht anzuziehen. Sollte wohl der Kupferrauch alle
Arten Lichtstrahlen, die grünen ausgenommen, und das minera-
lische Laugensalz alle, ohne die gelben, anziehen? u. s. f. [21].
    Herr Meyer und mehrere glauben zwar, dass das Licht be-
reits in den brennbaren Körpern vorhanden und bey deren Zerstörung wieder zum Vorschein komme. Allein meine mit dem
Lichte angestellten Versuche sind dagegen, und folgende zeigen
eben dieses: Wenn ich, zum Beyspiele, sehe, dass das Hepar Sulphuris sich in der freyen Luft ohne angebrachte Wärme zerstöhret,
dabey aber kein Licht gewahr werde, das Licht aber bey seiner
allerzartesten Ausdehnung dennoch im Finstern ziemlich sichtbar
ist, so bekomme ich Anleitung zu glauben, dass das Licht bey der
Verbrennung des Schwefels etwas zufälliges ist.
    Ich werde in dieser Sache noch weit gewisser, wenn ich sehe,
dass der Schwefel von der rauchenden Salpetersäure in der Digestion mit einer Effervescenz gänzlich aufgelöset wird. Hierbey
kommt auch kein Licht zum Vorschein. Lässt man die Auflösung
abrauchen, so restiret ein koncentrirtes Vitriolöl. Ja wenn man
den Phosphorus selbst auf selbige Art mit der rauchenden Salpetersäure behandelt, so löst sich selbiger sehr leicht auf, auch ohne
mitgetheilte Wärme, wobey gleichfalls kein Licht sich zeiget. Es
restiret auch hier nach der Abrauchung die reine Urinsäure.

giston, um eben dieses so zarte elastische Wesen zusammen zu setzen, anziehet. Hieraus ist zugleich offenbar, warum solches Licht auch in luftleeren Raum entstehet und der Flussspath im heissen Wasser leuchtet. Wäre dieses Licht schon in solchen Steinen vorhanden, so müsste solches, wenn sie aufgelöst werden, sichtbar werden. Ist dieses Phlogiston durch die Hitze ausgezogen, so ist das Leuchten auch zu Ende, daher man, nachdem der Flussspath etwas geglüet und wieder kalt geworden, kein Licht durch angebrachte Hitze wieder zum Vorschein bringen kann.

Da der Diamant in verschlossenen Geschirren durch anhaltende Hitze gänzlich verflieget, sollte wohl die Hitze sich mit der Menge Phlogiston, welches der Diamant bey sich führen muss, gleichfalls verbinden und in Lichtsgestalt solches heraustreiben? das helle Licht, welches man während der Calcination an ihm erblicket, scheint dieser Meynung Gewicht zu geben.

Was den balduinischen und bononischen Phosphorus[22] betrift, so ist wohl das wahrscheinlichste, dass diese Körper Licht von der Sonnen oder Feuer anziehen. Die Ursache kann ich nicht anders suchen, als in einer gewissen Grösse derer zartesten Oefnungen, in welchen die Lichttheilchen eindringen, und von der Materie der Körper nicht sehr fest angezogen [104] werden, wozu die in diesen Körpern vorhandene Salpetersäure oder Schwefel etwas beytragen können. Die Wärme, welche nothwendig etwas gröber, als das mit mehrerm Phlogisto so sehr elastisch gemachte Licht, seyn muss, dringet also in selbige ein, weil sie wegen mehrerer Dichtigkeit stärker angezogen wird, und treibt demnach das Licht wieder aus. Je mehr Wärme auf einmal in diese zarte Röhrchen eindringet, je geschwinder wird das Licht ausgestossen, je heller leuchtet der Phosphorus. Daher sehe ich die Ursache, warum diese Phosphori, wenn ich sie etwas erhitzet habe, das Licht nicht anziehen so lange sie heiss sind, weil alsdann die besondern Oefnungen von der Hitze angefüllt sind. Die Feuchtigkeiten haben die nemliche Wirkung.

§ 78.

Ein Stein ins Feuer gelegt, wird erstlich heiss und alsdann glühend. Er ziehet also vom Feuer nicht allein Hitze, sondern auch Licht an sich. Das Licht, welches im Anfange zugleich mit der Hitze in das Eisen oder Stein dringet, wird

durch die Anziehung der Materie des Eisens in Wärme verwandelt, bis alle Oefnungen mit Hitze angefüllt sind, alsdann
werden die Pori mehr ausgedehnt; es entstehen zarte Oefnungen, in welche das Licht eindringt und durch noch mehr
hinzukommendes gleichsam eingepresset wird, und welches
die Materie des Steins bey mangelnder fernerer Anziehung
[105] nicht mehr in Hitze zu verändern fähig ist. Es sitzet
also das Licht sehr loss, und kann, wenn der Stein aus dem
Feuer kömmt, sehr leicht wieder ausströmen; welches auch
geschiehet. Wenn man aber auf irgend eine Art die Hitze,
nachdem dieser Stein aus dem Feuer gekommen, sogleich
wegnimmt, so verlieret sich das Licht weit geschwinder. Man
umgebe ein glüendes Eisen z. E. mit Wasser, so ziehet solches die Hitze geschwind an sich. Ich setze, dieses Stück
Eisen hält sich in der Luft eine Viertelstunde glüend, so hält
es sich in Wasser nicht eine Minute glüend, da doch das
Wasser das Licht nicht sonderlich stärker als die Luft solches
anziehet. Die Ursache ist diese: sobald das Wasser die Hitze
von der äussern Fläche des glüenden Eisens angezogen, so
ziehet solche Fläche sogleich das Licht wieder an und verwandelt es in Wärme, so wie es im Anfange geschahe, als
der Stein oder das Eisen in das Feuer kam.

§ 79.

So bekannt es ist, Funken aus dem Stahl durch Hülfe
eines harten Steines zu schlagen, so unbekannt ist auch die
rechte Ursache dieser Entzündung. Ich werde fernerhin Erfahrungen zeigen, dass im Eisen eine Menge Hitze verborgen,
welche in dessen Zwischenräumchen eingedrungen ist. Wenn
nun zufolge dieses von dem Stahl ein sehr zartes Stücklein
durch einen scharfen und harten Stein sehr eilig abgerissen
wird, so tritt sogleich [106] die dazwischen sitzende Hitze
hervor, welche zum Theil diesem abgeschlagenen Stücklein
anhängt, das Phlogiston, welches, wie bekannt, im Eisen in
grosser Menge zugegen, wird dadurch in den Stand gesetzt
sich mit einem Körper, welcher es stärker als die Eisenerde
anziehet, zu vereinigen; es trift auch hier sogleich die Feuerluft an, diese vermehret die Hitze dermassen, dass dadurch
noch mehr Phlogiston entblösset, und folglich auch das Licht
zusammengesetzt wird; mit einem Wort, das Stahlstückchen
entzündet sich. Alle diese Erscheinungen folgen in einem
Augenblicke auf einander. Fällt ein solcher Funken auf

einen lokkern und leicht feuerfangenden Körper, so erhitzet
er die Stelle, auf welche er fällt; dadurch wird dessen Phlogiston gleichfalls loss, von der Feuerluft angezogen und in
Feuer gesetzt. Ist solches glüende Stückchen Stahl etwas
grösser, so wird die in der Mitte noch eingeschlossene Hitze
durch die äussere ausgedehnet; und da der Gegenstand von
einem so kleinen Stückchen Eisen auch nur sehr klein seyn
muss, so wird es dadurch von einander gestossen und in noch
kleinere Funken zertheilet. Dieses sind die auf die Seiten
fahrende Funken, welche man beym Feuerschlagen so oft
gewahr wird. Ich sage, solches Stückchen Stahl muss sehr
eilig abgeschlagen werden. Es ist leicht zu erachten, wenn
dieses langsamer geschiehet, so wird die aus dem Zwischen-
raum hervortretende Hitze von dem Stein sowohl als von dem
ganzen Stücke Stahl gleich wieder angezogen, als Körper,
welche [107] die Luft an Dichtigkeit weit übertreffen, und
folglich kann das Phlogiston nicht genug gelöset werden, um
sich mit der Feuerluft zu verbinden.

§ 80.

Ich hatte lange gewünscht, etwas von dem für sich
präcipitirten Mercurio zu haben, um zu sehen, ob er auch
während Reduction mit blosser Hitze eine Feuerluft her-
geben würde. Endlich bekam ich etwas von meinem sehr
werthen Freunde, dem Herrn Medicinä Doctor H. Gahn.
Dieser sogenannte Präcipitat hatte das Ansehen von kleinen
dunkelrothen, dem Zinnober ähnlichen Krystallen. Da ich
nun weiss, dass der Mercurius in der Salzsäure nicht aufzulösen, es sey dann, dass er sein Phlogiston verlohren, welches
durch eine Auflösung in der Salpeter- oder Vitriolsäure geschiehet, und auch die Ursache ist, warum unter einer Mischung
von calcinirtem Vitriol, gemeinem Salze und Quecksilber, Salpeter seyn muss: so goss ich auf einen Theil dieses rothen
Präcipitats Salzsäure: die Auflösung kam bald zu Stande und
wurde etwas heiss; ich liess sie bis zur Trockene abrauchen
und vermehrte die Hitze. Es sublimirte sich alles und entstund ein rechter corrosivischer Sublimat. Folglich ist dieser
durch blosse Hitze gemachte Präcipitat ein calcinirter Mercurius. Darauf legte ich den andern Theil dieses Präcipitats
in einer kleinen gläsernen Retorte, vor welche ich eine leere
Blase gebunden hatte, in das Feuer. So bald als [108] die
Retorte zu glühen anfieng, wurde die Blase ausgedehnet, und

sogleich stieg der reducirte Mercurius in den Hals. Es stieg
hier kein rother Sublimat auf, wie bey demjenigen Kalch,
welcher mit Acido nitri bereitet, zu geschehen pfleget. Die
erhaltene Luft war eine reine Feuerluft. Dieses ist ein besonderer Umstand, dass die Feuerluft, welche vorhero in einer
langsamen Calcination dem Mercurio sein Phlogiston entzogen,
ihm eben dieses Phlogiston wiedergiebt, wenn nur der Kalch
ins Glühen geräth. Doch wir haben mehrere dergleichen Erscheinungen, wo die Hitze die Anziehungskräfte zwischen
Körpern gleichfalls verändert.

Vom Pyrophoro [23].

§ 81.

Die Entzündung dieses wunderlichen chemischen Pro-
ductes hat, um deutlich erkläret zu werden, schon manchem
vergebliche Mühe verursachet. Sie kommen zwar darinnen
überein, dass hier eine Materie vorhanden sey, welche sich
an freyer Luft erhitzet, so, dass die im Pyrophoro befindliche
Kohle sich entzünden muss: man meinet, dass eine concen-
trirte Vitriolsäure die Ursache dieser Erhitzung sey, weil
Feuchtigkeiten diese Entzündung beschleunigen, und ohne
diese Säure kein Pyrophorus entstehen kann. Allein, kann
man auch eine reine Vitriolsäure, die nicht mit Brennbarem
verbunden ist, im Pyrophoro beweisen? und was ist die [109]
Ursache, dass ein Vitriolöl mit Wasser sich erhitzet? und
warum geschiehet nicht die geringste Erhitzung, wenn der
Pyrophorus in einer verdorbenen Luft, welche dabey feucht
ist, geleget wird, da doch die Vitriolsäure in solcher Luft,
wenn Wasser zukommt, sich erhitzet? Wir wollen sehen, ob
meine damit angestellte Erfahrungen diese so artige als wun-
derliche Erscheinung erklären werden. Ich hatte Thon mit
Vitriolöl tractiret, um Alaun zu machen. Ich bekam auch
ohne zugesetztes Alkali etwas Alaun; es restirte aber ein
dickes Magma, welches nicht anschiessen wollte. Ein Theil
von diesem Residuo gebrauchte ich also, einen Pyrophorum
daraus zu machen: Als ich ihn nun nach gewöhnlicher Art
calciniret hatte, fand ich mit Verwunderung, dass er weder
in der freyen Luft sich entzündete, noch die geringste Wärme
hervorbrachte. Darauf nahm ich den andern Theil, setzte
etwas Weinstein-Alkali zu, und calcinirte es nach gewöhn-

licher Methode; da bekam ich einen schönen Pyrophorum.
Ich lernete also erstlich, dass ein fixes Alkali zu dessen Entstehung nothwendig sey, welches sich mit dem erzeugten
Schwefel verbinden muss, und dass also das Hepar sulphuris
die Hauptsache bey diesem Producte ausmache. Zwar war
mir bekannt, dass die Schwefelleber sich in der Luft nicht
erhitzet. Ich glaubte aber, wenn sie mit der porösen Alaun-
erde, im Pyrophoro gemischet ist, dass sie sich merklich erhitzen könnte. Ich mischte also eine starke Auflösung von
Schwefelleber mit gebranntem Alaune und [110] calcinirte es
stark in einem verschlossenen Glase. Allein nachdem es kalt
geworden, fand ich, dass er sich an der Luft gleichfalls nicht
erhitzte. Ich wiederholte diesen Versuch nochmals, blos mit
dem Unterschiede, dass ich etwas Kohlenstaub mit darunter
mischte : und siehe da, nach vollendeter Calcination hatte ich
einen guten Pyrophorum! Hieraus schloss ich also, dass nicht
allein ein Hepar, sondern auch eine Kohle beysammen seyn
müsten. Darauf mischte ich zart geriebenen Tartarum vitriolatum [21] einen Löffel voll, mit drey Löffeln gleichfalls zart
geriebenen Kohlen, und calcinirte diese Mischung nach gewöhnlicher Art mit starkem Feuer. Nach dem Erkalten fand
ich hier gleichfalls einen schönen Pyrophorum. Hieraus folget
also, dass da ohne ein fixes Alkali kein Pyrophorus entstehen
kann, und da der Alaun auch mit dem flüchtigen Alkali zu
Crystallen anschiesst, dieses auch gewiss die Ursache ist,
warum nicht aus allem Alaune ein Pyrophorus werden will.
Nun musste ich auch wissen, ob nothwendig Feuchtigkeit
erfordert werde, um den Pyrophorum entzündet zu sehen.
Ich machte eine recht trockene Luft, dadurch, dass ich einige
kleine Stücke von ungelöschten Kalch in einen kleinen Kolben
legte, darauf stach ich den Hals eines andern Kolbens in
diesen, so dass die Luft in beyden Gemeinschaft hatte, und
lutirte die Fugen mit Wachs. Zwey Tage nachhero löseto
ich den ledigen Kolben ab und liess etwa 1 Loth Pyrophorus
aus meinem Glase in diesen Kolben laufen, und [111] vermachte ihn sogleich auf das genaueste. Ich merkte aber gar
nicht, dass er warm wurde; eine Stunde darauf legte ich einen
mit etwas Wasser angefeuchten Schwamm in diesen Kolben
und vermachte ihn wieder; einige Minuten nachero fieng der
Pyrophorus an sich stark zu erhitzen, und einige Stücken
entzündeten sich. Darauf füllete ich einen Kolben mit verdorbener Luft, und legte etwas Pyrophorus in denselben, auch

legte ich einen feuchten Schwamm darein; allein die Erhitzung
blieb aus.   Als ich ihn nachgehends in freyer Luft ausschüt-
tete, so entzündete er sich alsobald.

Wie gehet es nun mit dessen Entzündung zu? Hepar
sulphuris und Kohlen sind es, aus welchen der Pyrophorus
entstehet.   Das Hepar ziehet das währendem Glüen in den
Kohlen losgewordene Phlogiston an sich.   (Ich werde weiterhin
zeigen, dass der Schwefel mit noch mehr Phlogiston sich zu
verbinden im Stande ist), dieser aus Alkali, Phlogiston und
Schwefel zusammengesetzte Körper, geräth ohne Feuchtigkeit
und Feuerluft in keine Entzündung; das Alkali, welches die
Wässrigkeiten stark anziehet, wird dadurch ausser Stand gesetzet, das Phlogiston länger zu halten, zumal wenn eine
Materie zugegen ist, welche dasselbe stark an sich ziehet:
ich meine die Feuerluft.   Diese tritt also hinzu; sie verbindet
sich mit diesem so los sitzenden Phlogisto; hieraus entstehet
die Hitze, welche durch Hilfe der mehr hinzukommenden
Feuerluft zureichlich [112] ist, dem Schwefel sowohl als die
Kohle zu entzünden, und da, nachdem der Pyrophorus verbrannt, ist auch keine Schwefelleber mehr zu finden: so muss
diese während der Hitze gleichfalls calciniret werden.   Wenn
der Pyrophorus, noch ehe er sich entzündet, in Wasser geworfen wird, so erhält man eine hepatische Solution, welche
das Acetum lithargyrii schwarz präcipitiret; dahingegen die
Auflösung einer ordinairen Schwefelleber solches braun präcipitiret.   Ich sehe auch, dass erstere Solution die Luft weit
geschwinder absorbiret, als letztere.   Hier muss also viel
Phlogiston zugegen seyn.

Die Entzündung, welche eine feuchte Mischung aus ge-
riebenem Schwefel und Eisenfeil hervorbringet, muss, wie ich
glaube, auf eben die Art erkläret werden.   Erfahrungen
zeigen mir, dass das Eisen mit dem Schwefel in keine genaue
Verbindung eingehet, woferne nicht eine gewisse Menge Phlogiston von diesem Metalle geschieden wird.   Hieraus folget,
dass das Bestreben, welches die Eisenerde hat, sich mit dem
Schwefel zu vereinigen, stärker ist, als zum Phlogisto.   Ist
alsdann eine Materie zugegen, welche sich mit dem abge-
schiedenen Phlogisto verbinden kann, so müssen Wirkungen
entstehen, welche der Vereinigung dieser beyden Materien
gemäss sind.

Man mische drey Theile frische Eisenfeil mit einem Theile
zart pulverisirten Schwefel und so [113] viel Wasser, dass

daraus ein dicker Teig werde. Das Wasser fängt hier an
auf das Eisen zu wirken: dadurch wird dessen Phlogiston
von seinen Banden befreyet. Der Schwefel vermehret diese
Action; er vereiniget sich mit diesem halb dephlogistisirten
Eisen. Dadurch bekömmt diese Mischung eine schwarze Farbe.
Das nunmehro ausgetriebene Phlogiston sitzet so los an der
Fläche, dass es ihr sehr leicht entzogen werden kann. (§ 54.):
Ist die Luft zugegen, so ziehet die in selbiger enthaltene
Feuerluft solches an. Es wird hieraus eine Hitze zusammengesetzet, welche der Menge der Oberfläche und der Lokkerkeit
dieser Mischung gemäss ist; sie muss alsdann durch Hülfe
der beständig hinzuströhmenden Feuerluft dermassen überhand nehmen, dass der überflüssig vorhandene Schwefel sich
entzündet und alsdann die ganze Masse calciniret wird. Wo
aber bleibt das Phlogiston des Eisens, wenn dieses Metall in
verschlossenen Geschirren im Feuer mit Schwefel vereiniget
wird? denn wenn solche zusammengeschmolzene Masse fein
gerieben und auch mit etwas Wasser angefeuchtet wird, so
wird sie sich in der Luft nicht erhitzen. Merket man auf
die Erscheinung, welche diese Mischung während der Verbindung im Feuer hervorbringet, so ist hierauf nicht schwer
zu antworten. Man siehet beynahe bey jedwedem Metalle,
welches im Feuer mit Schwefel eine Vereinigung eingehen
kann, dass in eben dem Augenblicke, da solches geschiehet,
die Mischung sich entzündet; es entstehet [114] aber auch
eine dergleichen ähnliche Erscheinung, wenn diese Verbindung
in verschlossenen Gefässen unternommen wird. Ich mischte
drey Unzen reine Eisenfeile mit anderthalb Unzen fein ge-
stossenen Schwefel, und that dieses in eine kleine gläserne
Retorte, welche davon auf drey Viertel gefüllet wurde; an
dessen Hals band ich eine feuchtgemachte und von Luft ausgeleerte Blase (§ 30. Lit. b.) und legte alsdann die Retorte
nach und nach auf glüende Kohlen. Als die Retorte am
Boden zu glüen anfieng, wurde die Masse erstlich am Rande
glüend; dieses schöne purpurrothe Licht ging immer weiter,
bis die Mischung in der Mitte auch glüend war; darauf wurde
der Rand wieder dunkel, und alsobald verschwand das Purpur-
licht in der Mitte auch. Alles dieses geschah, obgleich die
Retorte in dem nemlichen Feuer liegen blieb. Während dieser Erscheinung ging eine Luft über, welche die Blase aus-
dehnte und den Raum von acht Unzen Wasser einnahm.
Dieses war eine brennende Luft und hatte keinen Geruch.

Ich habe bereits bewiesen, dass das Licht von der Hitze
in nichts weiter, als an einer grössern Menge Phlogiston,
unterschieden ist. Hier in der Retorte ist nichts vorhanden,
womit das durch den Schwefel ausgetriebene Phlogiston des
Eisens sich verbinden kann. Es wird durch die zunehmende
Hitze des Feuers von der geringen Anziehung, um sich bloss
an der äussern Fläche dieser Mischung zu halten, gänzlich
verhindert, und da es sich von keinen [115] Körper abscheiden kann, ohne sogleich mit einem andern in Verbindung zu
gehen (§ 72. No. 5.), so nimmt die durch die Retorte dringende Hitze solches zu sich; und was kann wohl anders als
das Licht hieraus entstehen? So viel als nun Phlogiston aus
dem Eisen getrieben wird, so viel Licht kann auch zusammengesetzet werden, und wenn dieses geschehen, so muss das
Leuchten wieder aufhören. Woher aber die brennende Luft
in der Blase? Ich habe bereits im Vorhergehenden davon
geredet und werde bald beweisen, dass diese brennende Luft,
aus der Materie der Hitze und einer grössern Menge Phlogiston, als um Licht zu seyn nöthig ist, bestehet. Dieses
zum voraus gesetzt, folget, dass hier in der Verbindung des
Eisens mit Schwefel zwar Licht erzeuget wird; da aber hier
mehr Phlogiston zugegen, so hat sich das Ueberflüssige davon
mit etwas Hitze zu einer brennenden Luft verbunden. Ich
will einige Versuche anführen, welche die Zweifler dieser
Theorie von der Wahrheit überzeugen können. Ich mischte
Crocus Martis [25] mit der Hälfte Schwefel und destillirte wie
vorhero; hier sah ich keine Entzündung, auch bekam ich
keine Luft in der Blase, sondern einen flüchtigen Schwefelspiritus. Der Crocus war schwarz und liess sich von dem
Magnete ziehen: er enthielt sehr wenig Schwefel, weil alles
in den Hals gestiegen. Es folgt, dass die vom Phlogisto
gänzlich entledigte Eisenerde solches bis auf einen gewissen
Punkt stärker als die Vitriolsäure anziehet, daher entstehet
[116] der flüchtige Schwefelspiritus. Man siehet aber auch
zugleich, dass dieses wenige Phlogiston nicht zureichen will,
die Eisenerde mit dem Schwefel zu verbinden. Er muss etwas
mehr enthalten: doch enthält das metallische Eisen davon
schon zu viel. Ich mischte auch solche Eisenerde mit Schwefel und Wasser, dass daraus ein Teig wurde. Es wurde aber
diese Mischung weder schwarz noch warm an der Luft. Ich
destillirte eine Mischung aus gefeiltem Bley und Schwefel.
Hier entstund auch ein solches dunkelrothes Licht; da aber

das Bley nicht so viel Phlogiston, wie das Eisen bey sich führet, so war kein Wunder, dass ich keine Luft in der Blase erhielt. Man siehet auch hier, dass ein Theil Phlogiston durch den Schwefel aus dem Bley gestossen wird, welches mit der Hitze das Licht zuwege bringet. Ich sage, ein Theil. Denn wenn man einen Bleykalch mit Schwefel destilliret, so erhält man auch einen flüchtigen Schwefelspiritus und Bleyglanz: folglich muss sich das calcinirte Bley auch erstlich mit etwas Phlogiston vereinigen, ehe es sich mit Schwefel verbinden kann.

Vom Knallgolde.

§ 82.

Nun komme ich auf eine andere noch wunderbarere Erscheinung, welche uns das Knallgold darbietet. Sollte ich wohl so glücklich seyn, die wahre Ursache dieses Phänomens entdecket zu haben? [117] Nein, ich will mir nicht mit dieser Hofnung schmeicheln; vielmehr will ich erstlich hören was meine Leser, von meinen, aus Versuchen hergeleiteten Schlusssätzen, sagen werden. Dass das Gold aus einer eigenen Erde mit Phlogiston verbunden bestehe, wird vermuthlich niemand in Zweifel ziehen, und dass das Gold in den Säuren, ohne vorhero sein Brennbares verlohren zu haben, nicht aufzulösen, ist gleichfalls bekannt, und zeigen solches die deutlichsten Erfahrungen. Die Kochsalzsäure ist diejenige, welche die näheste Verwandschaft unter den Säuren mit der Golderde zu haben bezeiget. Sie kann sich aber doch nicht mit dieser Golderde verbinden, wofern nicht zugleich eine andere Materie zugegen, welche dieser Erde das Phlogiston entziehet; dieses thut der Spiritus Nitri, und seine dadurch so sichtbar erhaltene Flüchtigkeit beweiset dieses. Das Gold wird alsdann von zweyen Kräften auf einmal angegriffen, und dadurch seine Auflösung zuwege gebracht. Es kann aber auch das Gold in einer von ihrem Phlogisto entledigten Salzsäure [26]) aufgelöst werden. Diese hat eine eben so starke Anziehung zum Brennbaren, wie die Salpetersäure. Auf welche Art man diese zuwege bringt, habe in meiner Abhandl. von Braunstein gezeigt. (§. 64.) Eine solche Goldsolution enthält reine Salzsäure, weil sie ihr am Braunstein abgesetztes Phlogiston vom Golde wieder bekommen. Demohngeachtet, wenn solche in einer Retorte stark abstrahiret wird, so reduciret sich das

Gold und die [118] Salzsäure gehet in ihrem vorigen Zustande, nemlich dephlogistisiret, in Recipienten über. Die Ursache ist, weil die Golderde durch Hülfe der Hitze eine stärkere Anziehung zum Phlogisto bekömmt, und solches der Salzsäure wieder raubet. In eben der Abhandlung habe ich gleichfalls dargethan, dass aus dieser Auflösung durch das flüchtige Alkali ein Knallgold entsteht. Aus dieser Erscheinung finde ich schon ein grosses aus dem Wege geräumet, da ich sehe, dass die Salpetersäure zur Entstehung eines Knallgoldes gar nicht nöthig ist. Wenn ich sehe, dass die Golderde aus ihrer Auflösung mit ihrem metallischen Glanze sich scheidet, so ist gewiss, dass sie Phlogiston erhalten. Die Metalle präcipitiren solche in glänzender Gestalt, aber nicht deren Erde: Die fixen Alkalien dekomponiren die Goldauflösung, doch gehet es langsam damit zu, und den dadurch erhaltenen Präcipitat nenne ich die Golderde; das flüchtige Laugensalz aber fället die Auflösung geschwinder; und dieser Präcipitat ist es, welcher eigentlich der Gegenstand dieses Paragraphs ist.

Die Golderde kann sich mit einem Theile vom flüchtigen Alkali verbinden, aus welcher Verbindung eine Art eines analogischen Salzes entstehet.

Ich digerirte dreyssig Gran Golderde mit etwas Salmiakspiritus, so mit Kalch bereitet war; [119] darauf edulcorirte ich diese Erde und trocknete sie gelinde. Sie wog nun 37 Gran, und war in ein Knallgold verwandelt. Aus einer hier in Upsala, unter dem Vorsitze des berühmten Herrn Professor Bergmanns gehaltenen Disputation vom Knallgolde, sehe ich, dass die Salmiaksalze ebenfalls der Golderde die knallende Eigenschaft geben können. Ich habe diese schöne Disputation zu meiner Richtschnur gebraucht, und sie ist es, welche mir diese Untersuchung in vielen Stücken erleichtert hat. Ich digerirte eine Auflösung von Glaubers Salmiak[27]) mit dieser Erde, ich fand darauf, dass diese Auflösung etwas säuerlich war; woraus zu sehen, dass sich das flüchtige Alkali an die Golderde gesetzet; diese Erde war nach der Auslaugung ein wahres Knallgold. Es folget hieraus, dass das flüchtige Laugensalz eine nähere Verwandschaft mit der Golderde als mit den Säuren hat.

Ich solvirte ein recht edulcorirtes Knallgold in der Kochsalzsäure; in diese Auflösung legte ich einige Stücke Kupfer.

Das Gold fiel reduciret als ein zartes Pulver zu Boden. Darauf filtrirte ich die Solution und liess sie bis zur Trockene abrauchen; ich mischte nachgehends etwas Laugensalz von Weinstein zu, und erhielt nach der Destillation ein wahres Alkali volatile im Recipienten. Dass sich die Golderde mit solchem Alkali verbindet, ist eben nichts besonders, weil mehrere metallische Erden diese Eigenschaft haben, und dieser Umstand vermehret in etwas die Wahrscheinlichkeit der Meynung, [120] dass alle Erden Arten von Säuren sind, wovon (§ 73.) Meldung geschehen.

Bey der Entzündung des Knallgoldes entstehet eine Art Luft.

Ich nahm eine, eines Fingers dicke und eine halbe Elle lange gläserne Röhre, welche an einem Ende in etwas zugespitzet war; die Röhre setzte ich mit dem spitzigen Ende so tief in Wasser, dass der dritte Theil davon ledig blieb; darauf verstopfte ich die Röhre unter dem Wasser und zog sie aus dem Wasser heraus, und bemerkte die Höhe des Wassers: alsdann hielt ich diese Röhre in einer etwas horizontalen Stellung und legte in deren anderes Ende etwa einen Gran Knallgold, da ich denn sorgfältig verhütete, dass diese leere Seite von Wasser nicht nass wurde, und vermachte auch dieses Ende mit einem genau passenden Kork: alsdann hielt ich diese Röhre in selbiger Stellung über ein brennend Licht und erhitzte die Stelle, wo das Knallgold lag. Nachdem es sich entzündet hatte und die Röhre nach einigen Stunden gänzlich kalt geworden war, öfnete ich das spitzige Ende; da fuhr etwas Wasser heraus. Ich wiederholte diesen Versuch unterschiedliche male mit dem nemlichen Erfolge. Die erzeugte Luft nahm so viel Raum ein, wie ein und ein halb Drachma Wasser. Nun war ich begierig zu wissen, von welcher Art diese erzeugte Luft seyn möchte.

[121] Ich mischte ein halb Drachma des Knallgoldes mit drey Drachmen vitriolisirten Weinstein sehr genau; dieses Pulver that ich in eine kleine gläserne Retorte und band an deren Hals eine von Luft ausgeleerte Blase. Darauf legte ich sie auf glüende Kohlen. Sobald als die Mischung durchgehitzet war, fing sie an dunkelbraun zu werden; es stiegen Feuchtigkeiten in den Hals, auch ein wenig eines weissen Sublimats auf, und die Blase wurde ausgedehnt. Als die

Retorte kalt geworden war, band ich die Blase zu und löste
sie von der Retorte ab. Der aufgestiegne Sublimat war etwa
zwey Gran, und nichts anders als ein gemeiner Salmiak. Die
Luft in der Retorte war mit einem Geruch von flüchtigem
Alkali angefüllt. Auf das Residuum goss ich heisses Wasser,
dieses löste den Tartarum Vitriolatum auf und liess ein brau-
nes Pulver zurück, welches ein zartes in pulverichter Gestalt
reducirtes Gold war. Die in der Blase erhaltene Luft roch
gleichfalls nach Alkali volatile, nahm so viel Raum als sechs
Unzen Wasser ein, und hatte folgende Eigenschaften : 1) Mischte
sie sich nicht mit Wasser. 2) Präcipitirte sie das Kalchwasser
nicht. 3) Löschte sie die Flamme des Lichts aus. Eine
Luft, welche derjenigen, so aus der Zerstöhrung eines flüchtigen Alkali entspringt, vollkommen gleich ist. Ich habe in
meiner Abhandlung vom Braunstein von einer solchen Art
Zerstöhrung des flüchtigen Alkali deutliche Beweise angeführet.
Die Hauptsache gehet darauf [122] hinaus, dass wenn ein
Körper das Brennbare, welches ein Bestandtheil des flüchtigen
Alkali ist, anziehet, allemal solche Luft zum Vorschein kommt.
Ich habe nachhero solche Luft auf mehrere Art erhalten,
nemlich aus einer Mischung von Croco Martis und Salmiak,
welche ich zusammen in einer Retorte mit vorgebundener
Blase destilliret habe. Aus dem weissen Präcipitate des
Mercurii sublimati mit Alkali volatile bereitet; dieser Präci-
pitat bestehet aus der Erde des Quecksilbers, Salmiak und
etwas Wasser. Die Luft, welche man aus der Detonation
des Nitri flammantis erhält, ist grösstentheils diese.

　　Um zu sehen, ob unsere Luft etwas zu der Entzündung
des Knallgoldes beytragen sollte, so füllte ich ein Glas mit
der Luftsäure, legte ein wenig Knallgold darein; machte es
zu und setzte es im Finstern auf heissen Sand. Es entzündete sich aber auf gewöhnliche Art.

　　Aus diesen Versuchen mache ich also den Schluss: Da
das Knallgold aus Alkali volatile und einer Golderde bestehet,
und zu der Entzündung des Knallgoldes allemal Hitze erfordert wird, die Hitze aber aus Phlogiston und der Feuerluft
bestehet, die Golderde aber das Phlogiston stärker als die
Feuerluft solches anziehet, (§ 39.) so ist die Hitze die Ursache zur Reduction des Knallgoldes. Da aber alsdann die
Feuerluft in Freyheit gesetzt wird, so verbindet sich diese
sogleich mit dem [123] Brennbaren des trockenen Alkali
volatilis, weil dieses Salz mit dem Golde keine Gemeinschaft

hat, und da hier mehr Phlogiston zugegen, als um Hitze hervorzubringen nöthig ist, so wird daraus das allemal erscheinende Licht zusammengesetzt. Die nunmehro vom Phlogisto im Alkali volatile verlassene Luft erhält wieder ihre Elasticität, welche von den zugleich loss gewordenen Wässrigkeiten, Salmiak und etwas flüchtigem Alkali, so durch die auf einmal entstehende Hitze gleichfalls in elastische Dünste ausgedehnt werden, vermehrt wird; sie stösst also gegen die um sie liegende Luft, welche dadurch in solche zum Schalle gehörige wellenförmige Bewegung gesetzt wird.

Was den Salmiak betrift, welchen ich in der Destillation bekommen habe, so glaube ich, dass dieser nicht zum Knallgolde gehört. Es hält sich ohne Zweifel ein wenig Kochsalzsäure bey dem Knallgolde auf, welche während der Reduction sich abscheidet und mit dem davon gehenden Alkali volatile einen Salmiak ausmachet. So glaube ich auch, dass bey dem Knallgolde mehr Alkali volatile vorhanden, als von der Feuerluft zerstöhret werden kann. Dass das Alkali volatile von der Feuerluft dekomponiret werden kann, ist daraus abzunehmen, weil wenn ein Stück davon in einen hellglühenden Tigel geworfen wird, selbiges sogleich in Flamme geräth. Ich glaube auch, wenn man die Golderde mit einer Kohle recht genau verbinden könnte, dieses ein Knallgold ausmachen würde. Ich mischte die Golderde [124] mit ein wenig Kohlenstaub. Nachdem ich dieses Pulver in ein kleines Glas gelegt hatte, setzte ich solches auf heissen Sand. Gleich darauf reducirte sich die Golderde, und die Kohle entzündete sich. Dass die Hitze von dieser Entzündung der Kohle die Ursache nicht seyn kann, sah ich daraus: weil der Kohlenstaub, den ich auf eben diesen Sand streuete, sich nicht entzündet. Er würde sich aber gewiss entzünden, wenn die Feuerluft allhier in grösserer Menge zugegen wäre.

Die Luft ist eine dulcificirte elastische Säure.

§ 83.

In den vorhergehenden Versuchen habe ich die zwey nächsten Bestandtheile der allgemeinen Luft vor Augen gelegt, weil zu einer deutlichen Erkenntniss des Feuers von ihr nichts mehr zu wissen nöthig war. Nun will ich weiter gehen und sehn, ob eine noch tiefere Zerlegung der Luft möglich ist.

Erster Versuch.

Ich setzte eine Ratte in einen Kolben, welcher vier
Kannen Wasser enthalten konnte; ich gab ihr etwas in Milch
eingeweichtes Brod und vermachte den Kolben mit einer nassen
Blase. Ein und dreissig Stunden nachhero war sie gestorben.
Darauf hielt ich den Kolben umgewand unter Wasser und
stach ein Loch in die Blase; da stiegen zwey Unzen Wasser
hinein. Diese wenige Verminderung der [125] Luft ist wahrscheinlicher Weise von der Wärme, so die Ratte bey sich
führet, verursachet worden, welche die Luft zuvor ausgetrieben.

Zweyter Versuch.

§ 84.

Ich nahm eine grosse weiche Blase und befestigte eine
Röhre in deren Mündung; darauf bliess ich sie mit der Luft
aus meiner Lunge voll, und hielt die Röhre und die Blase
mit der rechten, und mit der linken Hand hielt ich meine
Nasenlöcher zu. Ich respirirte die Luft so lange als mir
möglich war, und konnte vier und zwanzig Luftzüge machen
(wobey zu merken, dass ich auf die letzte die ganze Blase
voll Luft auf einmal in die Lunge ziehen musste, da im Anfange bloss die Hälfte hierzu nöthig war). Ich verstopfe
hierauf die Röhre mit dem Finger, und schnürte die Blase
zu. Diese Luft hatte mit der vorhergehenden, in welcher
die Ratte gestorben, gleiche Eigenschaften. Sie enthielt nemlich den dreyssigsten Theil Luftsäure, welche ich mit der
Kalchmilch davon schied, und ein brennend Licht löschte
alsobald darinnen aus.

Dritter Versuch.

§ 85.

Ich setzte einige Fliegen in ein Glas, worein ich etwas
Honig, auf Papier gestrichen, gelegt hatte. [126] Nach
einigen Tagen waren die Fliegen gestorben. Sie hatten ebenfalls keine Luft absorbiret; die Kalchmilch aber verringerte
diese Luft um den vierten Theil, und die übrige löschte das
Feuer aus.

Darauf nahm ich ein Glas, welches den Raum von
zwanzig Unzen Wasser enthielt, und bohrte in selbiges nahe

am Boden mit der Ecke einer abgebrochenen Feile ein Loch.
(Fig. 5. *A*.) In dieses Glas legte ich ein kleines Stück von
ungelöschtem Kalch und vermachte die Oefnung mit einem
Kork, durch welchen ich zuvor eine Röhre *B* gestochen hatte;
rund um diesen Kork legte ich einen Ring von Pech und
setzte ein Zuckerglas *C* umgewand darüber, in welches ich
zuvor eine grosse Biene gesetzt und ihr etwas Honig, so auf

Papier gestrichen, gegeben; damit aber
keine Luft zwischen den Pechring eindringen konnte, so drückte ich das
Zuckerglas fest ein; nachgehends setzte
ich das Glas in die Schüssel *D*, in
welche ich so viel Wasser goss, dass
das Glas halb damit bedeckt ward;
wenn ich sah, dass das Glas vom
Wasser gehoben wurde, so legte ich
ein kleines Gewicht über das Zuckerglas.   Das Wasser stieg alle Tage

Fig. 5.

ein wenig ins Glas durch die kleine Oefnung *A*; da ich auch
zuweilen das Glas ein wenig bewegte, damit die Haut, die
sich über die Kalchmilch setzte, bersten konnte. Nach Verlauf von sieben Tagen war das Wasser bis in *E* gestiegen
und die Biene war gestorben. Zuweilen habe ich zwey Bienen
[127] in das Glas *C* gesetzt; da denn eben so viel Luft in
der Hälfte Zeit in Luftsäure verwandelt worden. Raupen und
Schmetterlinge haben sich auf eben die Art verhalten.

Vierter Versuch.

§ 86.

In einen kleinen Kolben, der vier und zwanzig Unzen
Wasser enthalten konnte, legte ich etliche Erbsen und goss
so viel Wasser darauf, dass sie halb damit bedeckt wurden;
darauf vermachte ich diesen Kolben. Die Erbsen fingen an
Wurzeln zu schlagen und wuchsen auf. Als ich nach vierzehn Tagen fand, dass sie nicht mehr zunehmen wollten,
öfnete ich den Kolben umgewand unter dem Wasser, und fand
die Luft weder vermehrt noch vermindert. Mit der Kalchmilch aber wurde der vierte Theil verschlungen, und die
übrige Luft löschte die Flamme aus. Ich habe frische Wurzeln, Früchte, Kräuter, Blumen und Blätter, jedes vor sich

in Kolben verwahret, und nach einigen Tagen habe ich
ebenfalls den vierten Theil der Luft in Luftsäure verwandelt
gesehen.   Setzet man in solche Luft Fliegen, so sterben sie
sogleich.

§ 87.

Dieses sind demnach besondere Umstände, dass die Luft
von denen mit Lungen begabten Thieren nicht merklich absorbiret wird, sehr wenig Luftsäure [128] bey sich führt und
dennoch das Feuer auslöscht.   Dahingegen Insekten und Gewächse die Luft zwar eben so verändern, aber doch den
vierten Theil davon in Luftsäure verwandeln.   Ich war also
begierig zu wissen, ob nicht die Feuerluft diejenige sey,
welche hier in Luftsäure verwandelt worden, weil eben so
viel Luft in diesen letzteren Versuchen in Luftsäure verwandelt
worden, als Feuerluft darinnen vorhanden.

Fünfter Versuch.

§ 88.

Ich mischte in einer Bouteille, die zwanzig Unzen halten
konnte, einen Theil Feuerluft mit dreyen Theilen der vorigen
Luft, in welcher die Erbsen nicht mehr wachsen wollten, und
von welcher die Luftsäure geschieden hatte. (Ich goss nemlich
die Bouteille voll Wasser und legte vier Erbsen darein; darauf liess ich in die Blase, in welcher die Feuerluft enthalten
war, den vierten, und in eine andere Blase, in welcher diese
verdorbene Luft war, den übrigen Theil Wasser laufen (§ 30. g)
da ich denn genau nachsah, dass die Erbsen nicht mit in
der Blase fielen.   Ich liess auch so viel Wasser zurück, dass
die Erbsen halb damit bedeckt blieben).   Ich sah hier die
Erbsen aufwachsen, und nachdem sie nicht mehr zunehmen
wollten, fand ich diese Luft gleichfalls nicht absorbiret, aber
beynahe der vierte Theil wurde von der Kalchmilch verschlungen.   Es ist also die Feuerluft, welche hier in [129] Luftsäure
verwandelt wird.   In dreyen Theilen Luftsäure und einen
Theil Feuerluft wachsen die Erbsen nicht.   Ich habe die verdorbene Luft (§ 29.) mit der Feuerluft gemischt, welche sich
eben so verhielt, nemlich die Feuerluft wurde in Luftsäure
verändert.

Sechster Versuch.

§ 89.

Ich mischte nach eben demselben Masse die durch Erbsen verdorbene Luft mit der Feuerluft, und füllte eine Blase damit. Als ich darauf die in meiner Lunge vorhandene Luft rein ausgeblasen, respirirte ich diese von neuem zusammengesetzte Luft so vielmal als möglich. Darauf fand ich, dass sie sehr wenig von Luftsäure in sich enthielt, und wie diese davon geschieden war, das Feuer auslöschte. Ich glaube dass man die Wirkung, welche die mit Lungen begabten Thiere auf die Luft haben, dem in den Lungenadern vorhandenen Blute zuschreiben muss. Folgender Versuch giebt mir hierzu Anlass.

Es ist bekannt, dass das frisch gelassene Blut, wenn es an freyer Luft stehet, auf der Oberfläche eine schöne Röthe erhält, und dass die untern Theile, wenn sie die Luft berühret, gleichfalls roth werden. Sollte wohl die Luft hier eine Aenderung untergehn? Ich füllte den dritten Theil eines Kolbens mit frisch gelassenem Ochsenblute, vermachte ihn genau mit einer Blase und schüttelte das Blut [130] zum öftern um. Acht Stunden nachhero fand ich in dieser Luft weder Luftsäure, noch dass sie sich an ihrem Umfange verringert hatte, die Flamme des Lichts aber wurde sogleich darinnen ausgelöscht. Ich stellte diesen Versuch bey Winterszeit an, woraus man abnehmen kann, dass diese Wirkung keiner Verfaulung zugeschrieben werden kann, da ohnedem dieses Blut noch sechs Tage nachher frisch befunden wurde, und alle Putrefactiones Luftsäure hervorbringen. Nun war ich zu wissen begierig, wie die Feuerluft für sich allein mit denen Thieren und Gewächsen sich verhalten würde.

Siebender Versuch.

§ 90.

a) Ich legte zwei Unzen Salpeter in einer kleinen gläsernen Retorte auf glühende Kohlen, und band eine mit Wasser aufgeweichte grosse Blase vor (§ 35.) und liess den Salpeter so lange kochen, bis ich Dreyviertel Kannen Feuerluft in der Blase erhalten hatte. Darauf band ich diese Blase zu und löste sie von der Retorte ab; alsdann setzte ich eine Röhre

in deren Oefnung, und nachdem ich meine Lunge rein aus-
geleeret, fing ich an, aus dieser Blase Luft zu holen, (§ 84.).
Dieses gieng recht gut vonstatten, und ich konnte vierzig
Luftzüge thun, ehe es mir beschwerlich wurde; endlich trieb
ich sie so genau als möglich wieder aus der Lunge. Sie schien
nicht sonderlich abgenommen zu haben, und [131] als ich ein
Glas damit anfüllte und ein brennendes Licht hineinsteckte,
brannte es noch. Daranf fing ich diese Luft von neuem an
zu respiriren und konnte noch sechzehn Luftzüge thun. Nun
löschte sie die Flamme aus; auch fand ich nur wenige Spuren
von Luftsäure darinnen. b) Ich wunderte mich, dass ich
nicht das erstemal dieser Luft die Eigenschaft benehmen
konnte, das Feuer in ihr brennen zu lassen; ich glaubte,
dass die vielen Feuchtigkeiten vielleicht verhinderten, dass
ich diese Luft nicht so oft, wie wohl möglich wäre, in die
Lunge ziehen konnte. Ich wiederholte demnach eben diesen
Versuch, blos mit dem Unterschiede, dass ich eine Hand voll
Pottasche in die Blase legte, ehe die Feuerluft hinein getrieben
wurde. Darauf fing ich an diese Luft in meine Lunge zu
ziehen, und zählte fünf und sechzig Luftzüge, ehe ich davon
abzulassen gezwungen wurde. Als ich aber ein brennendes
Licht in diese Luft eintauchte, brannte es doch noch, obwohl
nur einige Secunden.

Achter Versuch.

§ 91.

Ich verstopfte das Loch im Glase bey A (Fig. 5.) mit
einen Kork, wie auch die Röhre B, und füllte alsdann dieses
Glas mit der Feuerluft. (§ 30. e.) Darauf hatte ich das
Zuckerglas C bey der Hand, in welches ich zwey grosse
Bienen gesetzt und zu ihrem Aufenthalt etwas Honig gegeben
[132] hatte. Ich öfnete die verstopft gehaltene Röhre, setzte
so geschwind als möglich dieses Glas darüber und drückte es
in den Pechring ein; nachgehends setzte ich das Gehäuse in
die Schüssel D, welche ich mit Kalchmilch gefüllet hatte,
und zog den Kork bey A heraus. Hier sahe ich die Kalchmilch alle Tage ein wenig in das Glas steigen, und nachdem
acht Tage verstrichen, war das Glas beynahe gänzlich damit
angefüllt und die Bienen waren gestorben.

Neunter Versuch.

§ 92.

Die Gewächse aber wollen in der reinen Feuerluft nicht sonderlich fort. Ich füllte mit dieser Luft ein Glas, in welchem sechzehn Unzen Wasser Raum bekamen und welches vier Erbsen enthielt. (§ 88.). Sie bekamen zwar Wurzeln, wuchsen aber gar nicht auf; mit der Kalchmilch wurde der zwölfte Theil absorbiret. Darauf füllte ich diese Luft in ein ander Glas, welches auch vier Erbsen enthielt. Nach vierzehn Tagen hatten sie Wurzeln bekommen, waren aber auch nicht aufgewachsen, und mit der Kalchmilch wurde auch nur der zwölfte Theil verschlungen. Ich wiederholte diesen Versuch noch dreymal mit selbiger Luft, und war zu merken, dass die Erbsen das vierte und fünftemal ein wenig in die Höhe gewachsen waren. Es restirte noch die Hälfte von der ganzen Luft, und in dieser konnte das Feuer noch brennen. Es ist nicht zu zweifeln, [133] dass die ganze Menge Feuerluft, wenn ich diese Arbeit länger fortgesetzt hätte, nicht sollte in Luftsäure verwandelt worden seyn. Es· ist gleichfalls zu merken, dass die Erbsen, wenn sie Wurzel treiben, stärker auf die Feuerluft wirken als nachhero.

§ 93.

Es ist also die Feuerluft diejenige, vermittelst welcher der Umlauf des Geblütes und der Säfte bey Thieren und Pflanzen so sehr unterhalten wird. Es ist aber doch ein besonderer Umstand, dass das Blut und die Lungen nicht solche Wirkung an der Feuerluft, wie die Insekten und Gewächse haben: weil letztere solche in Luftsäure und jene in verdorbene Luft verwandeln. (§ § 29. 89. 90.) Es ist nicht so leicht, die Ursache hiervon anzugeben, doch will ich es wagen. Es ist bekannt, dass die Säuren durch Beyfügung des Brennbaren ihre Eigenschaften, durch welche sie sich als Säuren offenbaren, verlieren, wie der Schwefel, die elastische Salpetersäure, Arsenikregulus, Zucker, u. dgl. deutlich zeigen. Ich bin geneigt zu glauben, dass die Feuerluft aus einem zarten Sauerwesen mit Phlogiston verbunden bestehe, und es ist wahrscheinlich, dass alle Säuren ihren Ursprung von der Feuerluft erhalten. Wenn nun solche Luft in die Pflanzen eindringet, so müssen diese das Phlogiston attrahiren, und folglich die Säure, welche sich als Luftsäure zeiget, zum

Vorschein kommen, und solche wieder von sich lassen. Der
Einwurf, dass gleichwohl [134] bey der Zerstörung der Gewächse eine so grosse Menge Luftsäure erhalten wird, und
folglich selbige die Luftsäure anziehen müssen, hat kein Gewicht: denn sonsten müsste sich die Luft in meinen Gefässen,
in welchen die Erbsen enthalten, grösstentheils verloren haben,
welches doch nicht geschehen. Man beliebe sich zu erinnern,
was ich von den Bestandtheilen der Hitze und des Lichts
bewiesen habe; und da ohne Wärme kein Gewächs fortkommen
kann, so ist leicht zu erachten, dass sowohl die Wärme als
das Licht in den Pflanzen dekomponiret werde, weil hierzu
nichts weiter erfordert wird, als dass das Brennbare von diesen zarten Materien sehr genau durch Hülfe der allerfeinsten
Haarröhren abgeschieden und durch Beybehaltung von etwas
sehr weniger Säure und Zumischung von wenigem Wasser in
Oel verwandelt wird. Die Erzeugung eines grünen Harzes
in denen Pflanzen, wenn sie aus einem finstern Keller, da
sie beynahe weiss sind, nur ein Paar Tage in Sonnenschein
gesetzt werden; die Hervorbringung einer brennenden Luft,
welche nichts anders als ein sehr zartes Oel ist, machen mir
dieses glaublich. Ziehen die Pflanzen das Phlogiston von der
Luft, so muss die Luftsäure leichter seyn. Allein die Erfahrung zeiget mir das Widerspiel: ich fand sie nach genauer
Wägung etwas schwerer; aber dieses ist meiner Meynung
nicht entgegen: da bekannt ist, dass alle Säuren das Wasser
stark an sich halten, so muss die Luftsäure auch selbige
Eigenschaft haben, und folglich kann dieses die meiste [135]
Schwere verursachen. Hat nun alles dieses seine Richtigkeit,
so entsteht eine andere Frage: Warum das Blut und die Lungen die Feuerluft nicht ebenfalls in eine solche Luftsäure
verwandeln? So nehme mir auch hier die Freyheit, meine
Meynung davon anzugeben; denn was würden mir alle so
mühsam angestellte Versuche helfen, wenn ich nicht dadurch
Hofnung hätte, meinem Endzwecke, der Wahrheit, näher zu
kommen? Das Phlogiston, welches die meisten Körper, womit
es sich verbindet, sowohl flüssig als beweglich und elastisch
machet, muss auch selbige Wirkung auf das Blut haben. Die
Blutkügelchen müssen solches durch die zarten Löcherchen
der Lungenblasen aus der Luft anziehen. Sie werden durch
diese Verbindung von einander getrennet, und folglich mehr
flüssig gemacht. Sie erscheinen alsdann hochroth. (§ 59.)
Sie müssen aber auch dieses angenommene Phlogiston während

der Circulation wieder von sich geben, und folglich in den
Stand gesetzt werden, von der Luft, an der Stelle, wo sie diese
am nähesten berühren, in der Lunge von neuem das Brennbare einzusaugen.   Wohin dieses Phlogiston während dem
Kreislauf des Blutes gekommen, überlasse ich andern auszu-
machen.   Die Anziehung, welche Blut zum Phlogiston hat,
muss nicht so stark seyn, als die Pflanzen und Insekten
solches von der Luft anziehn, und dann kann das Blut solche
Luft nicht in Luftsäure verändern; doch wird sie in eine Luft
verwandelt, welche zwischen der Feuerluft und der Luftsäure
[136] das Mittel hält, eine verdorbene Luft; denn sie verbindet
sich weder mit Kalch noch mit Wasser nach Art der Feuerluft, und löscht das Feuer aus nach Art der Luftsäure.   Dass
aber das Blut wirklich das Brennbare anziehet, kann ich noch
aus einem andern Versuche beweisen, da ich der brennenden
Luft, durch Hülfe meiner Lungen, ihr Phlogiston benommen,
und solche in verdorbene Luft verwandelt habe. [28]
  Ich füllte eine Blase mit der Luft, welche man aus
Eisenfeil und der vitriolischen Säure erhält, (§ 30. c.) und
respirirte sie auf vorher beschriebene Art. (§ 48.) Ich konnte
sie blos zwanzigmal in mich ziehen, und nachdem ich mich
wieder etwas erholet, trieb ich die Luft abermal so rein als
möglich aus der Lunge, und zog diese brennende Luft wieder
in mich; nach zehn Luftzügen wurde ich gezwungen davon
abzulassen, und sahe dass sie sich nicht mehr anzünden liess,
sich auch nicht mit Kalchwasser verbinden wollte.   Mit einem
Worte, es war eine verdorbene Luft.
  Ich habe ein Stück Schwefel in einer Retorte, welche
zwölf Unzen Wasser enthalten konnte, über dem Feuer eine
halbe Stunde im beständigen Kochen erhalten, und eine leere
Blase in der Stelle eines Recipienten vorgebunden, auch die
Retorte so gestellt, dass der im Halse aufgestiegene Schwefel
wieder zurücklaufen konnte.   Nachdem alles [137] kalt geworden, fand ich, dass die Luft weder zu noch abgenommen
hatte; sie roch ein wenig hepatisch und löschte ein brennendes
Licht aus.   Dass der Schwefel mit mehr Phlogiston sich verbinden kann, werde ich weiterhin beweisen; und es scheinet
mir aus diesem Versuche zu folgen, dass etwas Brennbares
von der Luft sich an dem Schwefel abgesetzt, und die Luft
dadurch die Eigenschaft einer verdorbenen Luft bekommen
hat.   Es ist aber doch auch merkwürdig, dass andere Körper.
welche das Brennbare stärker anziehen, als z. E. die rauchende

Salpetersäure, solches der Luft nicht benehmen. Es ist gleichfalls wunderlich, dass ich die brennende Luft nur zwanzigmal
in die Lunge ziehen konnte, und merke hier als etwas besonders an, dass ich, wo ich mich nicht irre, eine Viertelstunde nachhero recht warm wurde. Es ist auch zu bemerken,
dass die durch die Lunge verdorbene Feuerluft das Feuer
auslöscht; warum zieht die Luftsäure das Phlogiston nicht
wieder an? Warum auch nicht die verdorbene Luft? Herr
Priestley hat zwar dieses zuwege gebracht, allein mir hat,
wie gerne ich auch wollte, solches nicht glücken wollen. Er
hat die Luftsäure mit einer Mischung aus Eisenfeil, Schwefel
und etwas Wasser, in gesunde Luft verkehret. Wenn ich
diesen Versuch habe nachmachen wollen, so hat sich allemal
die Luftsäure in der Eisenfeile absorbiret. Ich habe auch
die mit überflüssigem Schwefel zusammengeschmolzene Eisenfeile fein gerieben, mit Wasser angefeuchtet, und [138] solche
in einer Bouteille, die mit Luftsäure angefüllet war, verwahret.
Allein der Erfolg war der nemliche. Die Luftsäure hatte sich
nach zweyen Tagen beynahe gänzlich absorbiret. Es sagt
dieser Mann auch, dass er die verdorbene Luft durch Schütteln
mit Wasser wieder gut gemacht hat. Ich muss aber gestehen,
dass solches für mich gleichfalls fehlgeschlagen. Ich füllte
den vierten Theil eines Kolbens mit verdorbener Luft, und
den übrigen Theil mit frischem Wasser; ich vermachte den
Kolben sehr genau, und schüttelte ihn auf und nieder beynahe eine ganze Stunde. Wie ich darauf diese Luft in eine
Blase und von da in ein Glas sammlete, fand ich, dass das
Licht nach wie vor ausgelöscht wurde. Er hat die brennende
Luft aus den Metallen durch Schütteln im Wasser gemischt;
dieses hat auch nicht für mich glücken wollen, obgleich ich
nur wenig brennende Luft und viel Wasser gebraucht habe.
Er hat auch gesehen, dass die Pflanzen die verdorbene Luft
wieder heilsam gemacht haben. Aus meinen Versuchen folget,
dass sie die Luft verdorben. Ich habe Gewächse in einen
Kolben, der mit verdorbener Luft gefüllt und wohl verwahret
war, (welches Wohlverwahren eigentlich zu merken,) so wohl
im Finstern gehalten, als auch dem Sonnenlichte ausgesetzt.
Ich habe ein wenig von dieser Luft alle zwey Tage versuchet,
und sie beständig verdorben befunden.

Das Wasser hat die besondere Eigenschaft die nähesten Bestandtheile der Luft zu trennen, sich mit der Feuerluft zu verbinden und mit der verdorbenen Luft gar keine Vereinigung einzugehen. 1) Ich füllete eine grosse Bouteille mit gekochtem Wasser, welches kurz zuvor kalt geworden, und liess den zehenden Theil davon auslaufen. Darauf setzte ich diese Bouteille umgewandt und offen in ein Gefäss mit Wasser. Ich sahe die Luftmenge alle Tage ein wenig abnehmen, und wie solches Abnehmen aufgehört hatte, sammlete ich die zurückgebliebene Luft erstlich in eine Blase (§ 30. b.) und aus der Blase in ein Glas (§ 30. c), und fuhr mit einem brennenden Licht in dieses Glas: Kaum war es an die Oefnung gekommen, so löschte es schon aus. 2) Darauf nahm ich eben solches von Luft ausgeleertes Wasser, füllete eine Bouteille damit an, und liess den zehenden Theil davon in eine mit verdorbener Luft angefüllte Blase laufen. Alsdann setzte ich diese Bouteille umgewandt in ein Gefäss mit Wasser und merkte den Raum, welchen die Luft in der Bouteille einnahm. Vierzehn Tage nachhero fand ich, dass das Wasser nicht das geringste davon eingesogen hatte. 3) Ich setzte eine grosse Bouteille, aus welcher der Boden ausgestossen war, in einem tiefen Kessel mit Wasser, so dass das Wasser ausserhalb der Bouteille über dem Kopf reichte. Darauf band ich eine luftleere Blase über den Kopf [140] der Bouteille und liess das Wasser über dem Feuer einmal aufkochen. Die Luft, so in dem Theile Wasser, welcher unter der Bouteille enthalten war, stieg in die Blase, und nachdem ich die Blase zugeschnürt und von der Bouteille abgelöset hatte, füllete ich ein Glas damit an und stach ein schmales brennendes Licht darein: da brannte es noch heller als in der ordinairen Luft.

Diese in Wasser aufgelöste Feuerluft muss denen Wasserthieren eben so unentbehrlich seyn, als denen, so auf der Erde leben: Sie müssen solche in ihren Leib einziehen und entweder in Luftsäure oder verdorbene Luft verändern. Sie mag nun aber, in welche Art es sey, verändert werden, so muss sie sich allemal wieder vom Wasser trennen: denn als Luftsäure bleibt sie nicht in freyer Luft beym Wasser, und die verdorbene Luft kann sich gar nicht damit verbinden (No. 2.), alsdann ist das Wasser wieder im Stande von neuem Feuerluft aufzulösen und solches denen Thieren zuzuführen.

Meine in dieser Sache angestellten Versuche stimmen hiermit
überein. Ich liess einige Blutigel in einer Bouteille, welche
halb mit Wasser angefüllet und wohl vermacht, so lange
stehen, bis sie gestorben. Darauf untersuchte ich die über
diesem Wasser stehende Luft. Sie hatte eben so wenig einen
Geruch, wie das Wasser; sie schien sich ein wenig vermehret
zu haben und löschte das Feuer aus. Es scheinet, dass diese
Thiere bloss von dem Phlogisto in der Feuerluft leben, vielleicht auch von der Wärme. Ich [141] habe sie zwey Jahre
im Wasser, und zwar in dem nemlichen Wasser, lebendig
erhalten: das Glas war blos mit einem Flor überbunden. Ich
habe eine bequeme Methode, zu sehen, ob im Wasser Feuerluft zugegen ist oder nicht. Ich nehme z. E. davon eine
Unze; hierein tröpfle ich etwa vier Tropfen von einer Auflösung des Eisenvitriols, und thue zwey Tropfen von einer
Auflösung des Weinsteinalkali, so mit etwas Wasser geschwä-
chet worden, dazu. Sogleich entstehet ein dunkelgrüner
Präcipitat, welcher aber nach ein paar Minuten gelb wird,
wenn solches Wasser Feuerluft in sich enthält, ist aber das
Wasser gekocht und ohne Zugang der freyen Luft kalt geworden, oder auch ein seit kurzem destillirtes Wasser, so
behält der Präcipitat seine grüne Farbe und wird nicht eher
gelb, als eine Stunde nachhero, und gar nicht gelb, wenn es
in vollen Gläsern vor dem Zugange der Luft verwahret wird.
Dass der grüne Eisenpräcipitat seine Farbe vom Phlogisto, so
noch an der Erde haftet, hat, habe ich schon (§ 15.) gezeiget,
und folget hieraus, dass die Feuerluft, ob schon nicht im
elastischen Zustande, das Phlogiston anzuziehen vermögend
ist. Dieser Versuch zeigte mir ebenfalls, dass die Wasser-
thiere die Feuerluft aus dem Wasser an sich ziehen. Ich
setzte einen Blutigel in ein Glas, welches mit Wasser gänzlich angefüllet und vor aller Luft verwahret war. Nach
zweyen Tagen war er beynahe todt. Ich versuchte darauf
das Wasser auf vorerwehnte Art, und fand, dass die [142]
Eisenerde ihre grüne Farbe behielt. Das Aufquellen der
Erbsen in kaltem Wasser ist gröstentheils dieser im Wasser
vorhandenen Feuerluft zuzuschreiben. Füllet man ein Glas
voll Wasser und leget einige Erbsen darein, so enthält das
Wasser nach vier und zwanzig Stunden zwar Luftsäure, aber
keine Feuerluft. In gekochtem und kalt gewordenem Wasser
schwellen die Erbsen nur wenig auf. Ich sehe hier die Ursache, warum die von den Pflanzen abgezogenen Wasser,

wenn die Bouteillen oft geöfnet werden, nicht allein ihren
Geruch verliehren, sondern auch ein schleimigtes Wesen sich
am Boden setzet, dahingegen selbige Wasser in ganz vollen
Gläsern beständig ihren Geruch und Klarheit behalten.   Alle
Gewächse theilen dem Wasser etwas schleimichtes mit, welches
mit übergeführet wird.   Die Feuerluft ist die Hauptursache
dieser Verderbung; kömmt solche wieder ins Wasser, so ziehet
sie das Brennbare von dem zarten öhlichten und schleimigten
Wesen an sich, und verändert das ganze Wasser.

Die Hitze ist ein Bestandtheil unterschiedlicher Körper.

§ 95.

Aus § 93. und vorhergehenden Versuchen glaube ich der
Wahrheit sehr nahe zu seyn, wenn ich annehme, dass die
Feuerluft eine dulcificirte [elastische Flüssigkeit ist.   Ein
zartes Sauerwesen, [143] welches mit etwas Phlogiston verbunden, und welches mit mehr und weniger Brennbaren auch
andere Eigenschaften annimmt.

Es ist also die Hitze eine besondere Säure, welche eine
gewisse Menge Phlogiston in ihrer Mischung führet; sie muss
folglich, ihrer Natur gemäss, sich mit Materien, welche eine
Anziehung sowohl zu den Säuren als zu dem Phlogiston haben,
verbinden.   Es müssen alsdann solche zusammengesetzte Körper
Erscheinungen darbieten, welche aus der mit ihr vereinigten
Hitze grösstentheils herzuleiten sind.   Alkalien, absorbirende
Erdarten, metallische Erden sind es, welche sich wirklich
mit der Hitze verbinden, und demnach besondere Arten von
Mittelsalzen zuwege bringen.   Diese Körper müssen sogleich
die Hitze, dieses zarte Schwefelwesen, wieder fahren lassen,
so bald als sie sich mit einer andern Materie vereinigen, zu
welcher sie eine stärkere Verwandschaft haben.   Alle Arten
von Säuren, sogar die Luftsäure und bisweilen bloss Wasser,
können solche Decomposition verursachen, nachdem die Hitze
mehr und weniger fest damit verbunden ist.

Man nehme Mittelsalze von derjenigen Art, von welchen
man durch die Hitze allein ihre Säure scheiden kann; z. E.
die fixen Laugensalze, Kalchspat, die weisse Magnesia, metallische Erden, Kalch und Magnesia in der Salpetersäure auf-
gelösst, Magnesia in der Salzsäure aufgelöst, u. dergl. m.
Man [144] calcinire sie entweder in offenen oder verschlossenen

Geschirren eine halbe oder ganze Stunde, so dass sie hell
glüen: nachdem sie kalt geworden, verwahre man sie in
kleinen verschlossenen Gläsern. Hier hat man alsdann diese
Erdarten wie vorhero, ausser dass sie sich in der Stelle der
Salpeter- Salz- und -Luftsäure mit der Hitze verbunden.
Einige können mehrere Hitze annehmen, andere weniger;
und nachdem die Menge der Hitze ist, nachdem sind sie auch
in ihren Eigenschaften unterschieden, so wie es mit mehreren
Erden, welche viel und wenig Luftsäure und andere Säuren
annehmen können, gleichfalls geschiehet. Diejenigen, welche
am meisten Hitze angezogen, haben nicht allein dadurch die
Eigenschaft erhalten, sich im Wasser aufzulösen, (eine Erscheinung, welche die Hitze als eine zarte Säure mit vielen
andern Säuren gemein hat, als die phosphorische, arsenika-
lische, Flussspat- und Luft-Säure, welche, wenn sie mit den
Erden recht saturiret sind, Salze hervorbringen, die sich im
Wasser nicht auflösen lassen, sobald aber mehr Säure zugesetzt wird, sich willig auflösen.) sondern lassen auch die
überflüssige mit blossem Wasser fahren. Hierher gehören die
feuerfesten Alkalien, der Kalch und die Erde des schweren
Spats *); diese werden durch [145] Hülfe der mit ihnen vereinigten Hitze in Wasser auflöslich, und die überflüssige
Hitze wird durch das Wasser ausgetrieben, daher sie sich
mit Wasser erhitzen, ob ich gleich, was die Schwerspaterde
betrift, diese Erhitzung nicht merklich wahrgenommen habe.
Der Kalch lässt sich aus dem Wasser wieder als Kalch
präcipitiren; man giesse Alkohol Vini in Kalchwasser, so
fällt der Kalch und kann sich wieder von neuem ohne Calcination in Wasser auflösen: woraus erhellet, dass er die
Hitze als sein Menstruum noch bey sich führet. Er ist demnach ein Salz, das sich in Spiritu Vini nicht auflösen lässt;
eben deswegen kann der ungelöschte Kalch sich in solchem
Spiritu nicht erhitzen. Kömmt eine Säure zu den oben
erwehnten gebrannten Erdarten, so lösen sie sich auf, und

---

*) Die Schwerspatserde ist eine eigene Erdart. Sie hat zwar
mit dem Kalche dieses gemein, dass sie sich im Wasser, nachdem
sie calciniret worden, auflöset, die Gypsauflösung aber decomponiret sich in diesem Wasser, und es fällt von neuem ein Schwerspat. Sie ist im Feuer schmelzbar, und mit der Salpeter- und
Salz-Säure macht sie Mittelsalze, so sich krystallisiren und die
Feuchtigkeiten aus der Luft nicht anziehen. Die Gypsauflösung
zerstöhret diese Salze ebenfalls, und alsdann wird von neuem ein
Schwerspat erzeuget.

. erhitzen sich gewaltig, weil diese Säuren das vorige Mittelsalz decomponiren und die Hitze gänzlich austreiben. Setzet man ein Thermometer in Kalchwasser und giesst etwas mit Luft-säure saturirtes Wasser zu, so steiget [146] der Spiritus ein wenig. Sind die Säuren, welche man auf die calcinirte Erd-arten oder Alkalien giesst, vorhero mit absorbirenden Erden verbunden, so entstehet keine Hitze, obgleich die Hitze wirk-lich ausgetrieben wird; es geschiehet hier eine doppelte De-composition. Es ist bekannt, dass aus der Mischung einer Auflösung des fixen Salmiaks [29] und eines recht caustischen Laugensalzes, ein rechter Kalch von neuem wieder entstehet. Hier verbindet sich die Hitze mit der Kalcherde und die Salzsäure mit dem Laugensalze. Giesst man auf diesen Kalch eine Säure, so wird man sogleich die Hitze fühlen. Hat die Kalcherde mehr Hitze bey sich, als andere Erden, welche, ob sie gleich stark calciniret sind, sich nicht in Wasser auf-lösen, so muss folgen, dass wenn, zum Beyspiel, das eng-lische Bittersalz mit Kalchmilch decomponiret wird, sich zwar die Vitriolsäure mit der Kalcherde, und die Hitze alsdann mit der Magnesia verbinde; da aber der Kalch mehr Hitze als die Magnesia anziehen kann, so muss der überflüssige Theil davon in Wasser eingemischt werden. Ich setzte ein Thermometer in Kalchmilch und liess dasselbe eine Stunde darinnen stehen; darauf mischte ich von einer Auflösung des Bittersalzes etwas hinzu; gleich darauf stieg der Spiritus ein wenig. Die metallischen Erden, ob sie sich gleich im Wasser nicht auflösen, müssen eine nicht geringe Menge Hitze an sich ziehen. Dieses erhellet aus der so sehr vermehrten Schwere, welche sie, nachdem sie calciniret worden, ange-nommen. Entweder haben [147] sie nun die Feuerluft während der Calcination vermittelst ihres Phlogistons an sich gezogen, daraus alsdann die Hitze zusammengesetzet worden, oder haben sie ihr Phlogiston der Luft übergeben, und die Hitze von Feuer angezogen: genug, es ist Feuerluft bey diesen Kalchen zugegen, welche den Ueberschuss der Schwere ver-ursachen muss. Ich sage, sie müssen eine nicht geringe Menge Hitze an sich ziehen, denn man kann den Kalch durch ihren Ueberfluss in Wasser auflöslich machen. Ich rieb frisch calcinirtes Lithargyrium fein, und goss eine mit Wasser diluirte Auflösung des fixen Salmiaks dazu, ich verwahrte alles in ein Glas und schüttelte es zum öftern um; nach einigen Stunden hatte die Auflösung Kalcherde fallen lassen

und ich erhielt ein gutes Kalchwasser, welches sich an der
Luft decomponirte und den corrosivischen Sublimat gelb präcipitirte. Wird die Auflösung des Küchensalzes mit Lithargyrium digeriret, so bekommt man ein scharfes mineralisches
Laugensalz. Körper, welche mit überflüssiger Hitze verbunden
sind, als Laugensalze, Kalch und Lithargyrium, haben eine
Anziehung zum Brennbaren, welches in den ölichten Mischungen
zugegen ist. Sie lösen die fetten Oele und Schwefel auf,
und machen damit Seifen. Giesst man eine Säure zu einer
Seifenauflösung, so verbindet sich diese Säure mit dem Alkali,
da denn die Hitze frey wird, und weil man solche nicht
fühlet, wiederum eine andere Verbindung eingehen muss; sie
trift hier auch das Oel an; sie vereiniget [148] sich damit,
und dieses Oel erhält dadurch die besondere Eigenschaft, sich
in Spiritu Vini in grosser Menge aufzulösen, und mit dem
flüchtigen Salmiakspiritus, der mit Kalche bereitet worden,
macht es eine besondere Art von Seife; Eigenschaften, welche
die fetten Oele gleichfalls bekommen, wenn sie einigemale
destilliret werden, da sie auch alsdann die Hitze von Feuer
annehmen müssen. Sie setzet sich auch in die Zwischenräumchen einiger Salze; z. B. des bis zur Weisse calcinirten
Vitriol, des fixen Salmiaks, der Terra foliata tartari, u. m.
Das Wasser aber kann solche Hitze wieder austreiben. Auch
kann die in die Enge gebrachte Vitriolsäure und die phosphorische Säure, weil sie ziemlich feuerfest sind, einen guten
Theil Hitze annehmen; und obgleich die andern mineralischen
Säuren, aus Mangel ihrer Feuerbeständigkeit, solche aus dem
Feuer nicht anziehen können, so sind sie doch nicht weniger
geschickt die Hitze in grosser Menge anzunehmen. Sie
gleichen in diesem Stück dem flüchtigen Alkali: denn wenn
der Salmiak mit einem caustischen fixen Laugensalze oder
ungelöschtem Kalche destilliret wird, so verbindet sich die
Hitze aus diesem scharfen Salze mit dem flüchtigen Alkali,
und die Säure des Salmiaks mit dem Kalche. Kömmt zu
diesem flüchtigen Alkali eine Säure, so wird die Hitze recht
fühlbar ausgestossen. Eben so ist es mit den schwachen
mineralischen Säuren beschaffen. Man giesse Vitriolöl auf
Meersalz in einer kleinen Retorte; man steche den [149] Hals
der Retorte in einen Recipienten, in welchen (Recipienten)
etwas Wasser enthalten ist, so wird das Wasser ohne Feuer
warm werden. Denn die Vitriolsäure verbindet sich mit dem
Laugensalze des Meersalzes, dadurch wird seine Hitze los,

diese vereiniget sich sogleich mit der Salzsäure, und wird, nachdem das Wasser in Recipienten sich mit dieser Säure verbunden, wieder ausgestossen. Hieraus erhellet auch das so ausserordentlich gehaltene Phänomen: dass das Oleum Vitrioli, auf Salz gegossen, zu kochen scheinet und doch kalt ist, dahingegen die Dünste in der Luft sich erhitzen. Ich bin überzeugt, dass diese Hitze kein neues Productum ist, sondern blos von denen in der Luft vorhandenen Feuchtigkeiten herrühret. Das Kochen ist nichts besonders, denn die Salzsäure ist in ihrem trockenen Zustande allemal elastisch. Der rauchende Spiritus Nitri wird auch mit Wasser und in der Luft warm. Es ist merkwürdig, dass die Hitze einige Säuren austreibet, und ohne Feuer diese Säuren die Hitze wieder austreiben. Es sind mehrere dergleichen Verwandschaften in der Chemie bekannt, wo die Hitze sie auch umwendet; vielleicht kann folgender Versuch etwas Licht in dieser Sache geben. Ich füllete ein Glas mit Luftsäure, und legte etwas feingeriebenen neugebrannten Kalch hinein, darauf vermachte ich es genau und setzte es umgewandt in ein kleines Gefäss mit Oel. Acht Tage nachhero öfnete ich dieses Glas umgewandt unter dem Wasser, und sah mit Verwunderung, [150] dass kein Wasser in das Glas stieg; wie aber ein wenig Wasser hinzu kam, wurde die Luft sogleich absorbiret [30]; Sollten wohl dergleichen Salze ihr Wasser erstlich durch die Hitze verliehren, und alsdann die trockene Säure eine geringere Anziehung zu denen absorbirenden Körpern haben, als die Hitze?

Man siehet aus allen diesen, wie schwer es ist, eine reine Säure und reine Erde zu erhalten, und ich sage nicht zu viel, dass noch niemand eine reine Erde, ein reines Alkali gesehen.

Die brennende Luft.

§ 96.

Ist die Hitze ein zartes Acidum, so muss sie auch mit mehr und weniger Phlogiston sich verbinden können, und obgleich nicht alle Säuren solche Eigenschaft, das Phlogiston in Menge anzuziehen, haben, so sind doch die meisten vermögend solches in rechtem Ueberflusse anzunehmen. Unter diese letztern gehöret auch die Hitze. Sie ist es, welche mit

sehr wenig mehr Phlogiston das Licht, und mit einer grössern
Menge die bekannte brennende Luft hervorbringt. Ich will
den Anfang mit denen Metallen machen. Das Eisen bestehet
aus einer eigenen Erde, welche sich mit einer gewissen
Menge Phlogiston und einer gewissen Menge Hitze verbunden
hat. Alle Metalle kommen hierin überein, der Unterschied
beruhet bloss in ihren [151] Erden, welche sich ihrer Natur
nach mit mehr und weniger Phlogiston verbunden haben. Ob
die Hitze wirklich als ein Bestandtheil der Metalle anzusehen,
oder ob nur die metallischen Zwischenräume damit angefüllt
sind, gehört nicht zu meiner Absicht; genug dass sie in den
Metallen zugegen ist. Je mehr Phlogiston ein Metall enthält,
je mehr Hitze ist auch dabey. Kein Metall wird in den
Säuren aufgelöst, ohne dass dieses nach den Gesetzen einer
doppelten Verwandschaft geschehe. Die Säuren verbinden
sich mit ihren Erden, und das losgewordene Phlogiston mit
eben diesen Säuren; haben letztere aber nicht die Eigenschaft
sich mit dem Brennbaren zu verbinden, so wird es von der
Luft angezogen; fehlet diese, so vereiniget es sich mit der
Hitze, welche in selbigem Augenblicke von den Metallen
durch die Säuren ausgetrieben wird. Es entstehen alsdann Erscheinungen, welche dergleichen Zusammensetzungen
eigen sind.

Wenn die mit Wasser diluirte Vitriolsäure das Eisen berühret, so verbindet sie sich erstlich mit dessen Erde, und
da diese schwache Säure keine merkliche Anziehung zum
Phlogiston hat, die Luft auch hier nicht das Eisen auf dem
Punkte, wo die Säure ruhet, berühren kann, so stehet hier
für das Phlogiston kein anderer Weg offen, sich zu verbinden,
als mit der Hitze des Eisens, und hieraus wird alsdann die
brennende Luft zusammengesetzt. Die Wärme, welche bey
dieser Auflösung [152] entsteht, ist diejenige, welche das
Phlogiston nicht genau genug berühret hat. Kann aber das
Phlogiston mit einem andern Körper eine Vereinigung eingehen,
so muss die Hitze in diesem Falle weit stärker werden, weil
sie alsdann in Freyheit gesetzt wird. Dieses geschieht, wenn
die Säure des Salpeters auf die Eisenfeile gegossen wird. Da
das Acidum Salis auch keine sonderliche Anziehung zum
Phlogisto äussert, so ist es mit dieser Säure eben so, wie mit
dem Spiritu Vitrioli beschaffen. Das Zinn und der Zink verhalten sich mit diesen Säuren auf gleiche Art.

Die brennende Luft kann von der Salpetersäure nicht

zerstöhret werden. Ich habe ein Glas damit angefüllt, und etwas von der rauchenden Salpetersäure darein gegossen. Die Säure wurde nicht roth; die Luft wurde auch nicht absorbirt, und liess sich auch noch nach einigen Tagen anzünden, wie vorher.

Ich führe diesen Versuch deswegen an, um darzuthun, dass die brennende Luft nicht in den Metallen schon fertig liege; denn es würde alsdann folgen, dass auch die Salpetersäure solche brennende Luft von den Metallen scheiden könnte, so wie es mit der Luftsäure von der Kreide geschiehet. Da nun die brennende Luft aus Hitze und Phlogiston besteht, was ist es denn Wunder, dass diese Luft, wenn ihr Brennbares sich mit der Feuerluft verbindet, gänzlich mit der Feuerluft zu verschwinden [153] scheint, und kein Zeichen einer Luftsäure oder dergleichen hinterlässt, (§ § 19. 46). Das blosse Wasser kann eine brennende Luft aus Eisen hervorbringen. Dieses ist der Schaum, welcher beständig auf der Oberfläche erscheint, wenn Wasser mit Eisenfeile einige Wochen gestanden und ein wenig umgerührt wird. Destilliret man Eisenfeile mit Salmiak und bindet eine Blase vor, so erhält man auch brennende Luft; denn wo sollte wohl das Phlogiston im Eisen bleiben, da sich die Salzsäure mit der Eisenerde verbindet, und das flüchtige Alkali keine Gemeinschaft damit hat? Kömmt jemand, und glaubt, dass die Säuren etwas zu der Entstehung solcher brennenden Luft beytragen können, so kann ich diesen Zweifel auch begegnen. Man mische Zinkfeile mit etwas kaustischem feuerfestem Alkali, und destillire aus einer gläsernen Retorte, so greift das Alkali die Zinkerde an, und man bekömmt in der vorgebundenen Blase gleichfalls eine brennende Luft: auch giebt Zink, mit Salmiakspiritus digeriret, eine brennende Luft.

Besteht das kaustische fixe Alkali aus Hitze und einem reinen Alkali, so ist leicht zu erachten, dass wenn ein brennbarer Körper zugesetzt wird, und das Alkali die Säure, womit das Phlogiston in einem solchen brennbaren Körper verbunden, stärker als diese Säure das Phlogiston anziehet, so muss eine doppelte Decomposition geschehen, und die Hitze des Laugensalzes muss mit dem Phlogisto [154] eine brennende Luft zusammensetzen. Mit dem Schwefel würde man seine Absicht nicht erreichen, weil dessen Säure das Phlogiston stärker an sich hält, als dass das Alkali die Vitriolsäure von seinem Brennbaren scheiden sollte. Die Kohle ist hierzu am

besten geschickt, welche ein aus Phlogiston und Luftsäure
bestehender Schwefel ist. Wird diese mit dem durch Kalch
oder Feuer kaustisch gemachten Alkali zusammen gerieben,
und aus einer gläsernen Retorte in eine vorgebundene Blase
über einem offenen Feuer destilliret, so erhält man eine
Menge brennende Luft, welche keine Luftsäure in sich enthält: dagegen hat das Alkali seinen kaustischen Geschmack
verlohren und effervesciret nunmehro mit Säuren. In diesem
Versuche liegt der Grund, warum glüende Kohlen in den
Oefen mit einer blauen Flamme lodern. Wer wird wohl
glauben, dass diese Flamme von dem in den Kohlen noch
zurückgebliebenen Oele herrühre? Wer wird wohl glauben,
dass solches Oel durch die Hitze nicht längstens sollte ausgetrieben seyn? Ich füllte eine kleine Retorte halb mit recht
trockenen zerriebenen Kohlen und band eine von Luft ausgeleerte Blase vor. Sobald die Retorte heiss geworden, wurde
die Blase ausgedehnt, und wie sie am Boden glüete, wollte
sie sich nicht ferner ausdehnen. Darauf liess ich die Retorte
erkalten, und die Luft zog sich aus der Blase wieder in die
Kohlen zurück. Diese Luft nahm etwa achtmal mehr Raum
ein als die Kohlen. Ich liess die Retorte nochmals heiss [155]
werden, und die Luft wurde wieder ausgetrieben, und nachdem sie kalt geworden, wurde sie wieder von den Kohlen
absorbiret. Ich wiederholte dieses sehr oft mit dem näm-
lichen Erfolge. Diese Luft löscht das Feuer aus und enthält
ein wenig Luftsäure. Ich band eine Blase mit frischer Luft
vor, nachdem die verdorbene Luft ausgetrieben war, und die
Retorte am Boden noch glüete. Diese frische Luft zog sich
zurück in die Kohlen, und durch die Hitze wurde sie wieder
ausgetrieben und war in verdorbene Luft verwandelt. Ich
habe gefunden, dass diese Kohlen eine noch grössere Menge
Luftsäure anziehen. Der zur Kohle gebrannte Weitzen, und
das schwarzgebrannte Hirschhorn, geben keine solche Luft.
Werden aber die Kohlen, wenn sie keine Luft in der Blase
mehr von sich geben, mit stärkerm Feuer getrieben, bis sie
durchaus glüen, so erhält man wieder von neuem eine andere
Luft. Ich trieb so lange, bis die Blase nicht mehr ausgedehnt
wurde; darauf liess ich alles erkalten. Es zog sich wieder
ein Theil dieser Luft in die Retorte zurück, doch blieb noch
viel in der Blase übrig. Diese mit Glüefeuer erhaltene Luft
ist eine brennende Luft. Ich trieb von neuem diese Kohlen
mit stärkerm Feuer; ich erhielt aber nicht mehr Luft, als

sich etwa in die Kohlen bey deren Erkalten konnte eingezogen haben, welche etwa achtmal den Raum, welchen die
Kohlen einnehmen, ausfüllt. Ich schüttete sie also aus der
Retorte und liess sie in freyer Luft etwas anglüen; darauf
liess ich sie [156] wieder kalt werden, und destillirte sie wie
vorhero. Ich erhielt gleich im Anfange, noch ehe die Retorte
glüete, eine Luft, welche der verdorbenen ähnlich war; wie die
Kohlen glüeten, bekam ich wieder eine Menge Luft, welche
inflammabel war. Ich liess alles erkalten, und trieb wieder
von neuem mit solcher Hitze, dass die Retorte am Boden zu
schmelzen anfing; ich erhielt aber nur wenige Luft. Die Kohlen
müssen also erstlich in freyer Luft glüen, ehe sie in der Retorte diese brennende Luft von sich geben. Die Kohlen enthalten
sowohl Alkali als Kalch. Es sind also zwey Anziehungskräfte, welche die Kohlen zerstöhren. Das freygewordene
Alkali, oder der Kalch, verbindet sich mit der Luftsäure,
und die durch die Retorte dringende Hitze mit dem Phlogiston. Wenn das Alkali mit Luftsäure gesättigt ist, so kann
auch keine brennende Luft mehr entstehen, wird aber die
Kohle an freyer Luft etwas verbrannt, so kann wieder etwas
Alkali zum Vorschein kommen, und alsdann kann in der
Retorte wieder neue inflammable Luft zusammengesetzt werden.
Destilliret man das schwarzgebrannte Hirschhorn mit starkem
Feuer, so erhält man auch aus eben dem Grunde eine Menge
brennende Luft [31]).

Die Kohlenflamme entsteht also, wenn die zwischen den
glüenden Kohlen sich befindende Hitze mit dem Phlogisto der
Kohlen, und ein Theil Luftsäure mit der Asche sich verbindet. Sie kann sich nicht sogleich entzünden, weil die
zwischen den Kohlen [157] vorhandene Feuerluft bereits mit
Phlogiston von den Kohlen saturiret ist; sie muss also in
die Höhe steigen, da denn diese Luft die freye Luft antrift;
folglich müssen die glüende Kohlen, wenn sie grosse Oefnungen zwischen sich enthalten, auf der Oberfläche zu brennen
scheinen.

Es ist merkwürdig, dass das Phlogiston, welches in gewisser Menge die Feuerluft so sehr zart ausdehnt, wie man
an der Hitze und dem Lichte gewahr wird, mit mehr Phlogiston aber so grob wird, dass es sich in Gläsern aufbehalten
lässt. Und ob man gleich in der aus Kohlen hervorgebrachten
brennenden Luft, keine, oder nur sehr wenige Luftsäure entdecken kann, und die etwa vorhandene Luftsäure durch die

Kalchmilch davon geschieden hat, so wird man dennoch, nachdem die brennende Luft verbrennt, einen guten Theil von solcher Luftsäure bemerken können. Hieraus ist zu sehen, dass diese brennende Luft etwas Kohle mit flüchtig gemacht hat, so wie die Arseniksäure, unter der Digestion mit Zink, eine brennende Luft erzeuget, welche etwas Arsenikregulus enthält[32]). Sollte wohl diese so zart aufgelöste Kohle sich mit dem Blute vermischen und die Ursache des gefährlichen Kohlendunstes sein?

Die stinkende Schwefelluft.[33])

§ 97.

1) Ich mischte feingeriebenen ungelöschten Kalch mit eben so viel geriebenen Schwefel, und [158] glüete solches in einer kleinen gläsernen Retorte, vor welche ich eine luftleere Blase gebunden hatte. Es stieg etwas Schwefel in den Hals, aber keine Luft kam zum Vorschein. Ich goss Salzsäure auf diese Schwefelleber, es fing an stark zu effervesciren, und gab dabey einen starken hepatischen Geruch von sich. Diese Mischung wurde nur wenig warm.

2) Ich mischte feingeriebenen Braunstein mit eben so viel pulverisirten Schwefel und glüete dieses in einer Retorte, an der ich eine Blase vorgebunden hatte. Der überflüssige Schwefel sublimirte sich, und in der Blase erhielt ich einen flüchtigen Schwefelspiritus. Das Residuum hatte eine grünliche Farbe; es schäumte mit Säuren und roch hepatisch.

3) Ich bereitete ein kaustisches Alkali aus Weinstein[34]) und Kalch, welches mit Säuren zwar sehr heiss wurde, aber nicht effervescirte, und schmelzte es mit Schwefel in einem verdeckten Tiegel zu Hepar. Diese Schwefelleber schäumte stark mit Säuren und wurde wenig warm.

4) Ich sammlete diese Luft von den vorhergehenden Schmelzungen, jedwede vor sich in einer Blase, sie hatte folgende Eigenschaften: 1) Präcipitirte sie das Kalchwasser nicht. 2) Wurde sie vom Kalchwasser in ziemlicher Menge absorbiret, welches einen starken hepatischen Geruch bekam und etwas süsslich schmeckte. 3) Ein brennendes Licht, [159] welches ich in ein mit dieser Luft angefülltes Glas hineinbrachte, wurde sogleich ausgelöscht. Wird der dritte Theil des Glases damit angefüllt und der übrige mit ordinairer Luft,

und man fährt alsdann mit einem Lichte hinein, so entzündet sich diese stinkende Luft, und das Glas wird mit einem weissen dicken Nebel angefüllt; diese Luft riecht alsdann stark nach flüchtigem Schwefelspiritus, und es setzt sich ein weisses Pulver, welches Schwefel ist.

5) Ich mischte Kohlenstaub mit Schwefel zusammen und destillirte solches in einer leeren Blase. Erstlich erhielt ich eine verdorbene Luft; darauf band ich eine andere Blase vor und trieb stärker; da erhielt ich eine stinkende Schwefelluft, welche mit den vorhergehenden in allen gleich war. Um zu sehen, ob die blosse Hitze mit dem Schwefel diese Art Luft hervorbringet, so wie eben diese Hitze, mit Phlogiston verbunden, die brennende Luft hervorbringt, legte ich ein Stück Schwefel in eine Retorte, vor welche ich eine Blase gebunden hatte, und unterhielt den Schwefel eine halbe Stunde in starkem Kochen. Die Luft in der Retorte hatte sich weder vermehrt noch vermindert und war in verdorbene, aber in keine stinkende Schwefelluft verwandelt worden. Es muss also das Phlogiston der Kohlen etwas zur Sache thun.

6) Ich füllte eine Retorte mit einer brennenden Eisenluft, in welche ich etwas Schwefel gelegt hatte, und liess den Schwefel kochen wie vorhero; ich stellte die Retorte sowohl in diesem als in dem [160] vorhergehenden Versuche so, dass der sich im Halse sublimirte Schwefel wieder von der Hitze niederschmelzen muste. Die Luft in dieser Retorte war zwar nach dem Erkalten stinkend, sie lösste sich aber nicht in Wasser auf. Es scheint, dass hier in dieser brennenden Luft zu viel Phlogiston vorhanden ist, welches die Auflösung hindert.

7) Diese brennende Schwefelluft scheinet eine Zusammensetzung aus Hitze, Phlogiston und Schwefel zu seyn.

Ich füllte ein Glas mit dieser Luft, goss ein wenig von der rauchenden Salpetersäure hinein und setzte einen genau schliessenden Kork darauf. Sogleich wurde das Glas mit rothen dicken Dünsten angefüllet: Eine halbe Stunde nachhero wendete ich das Glas um, hielt es unter Wasser und zog den Kork heraus; das Wasser stieg alsobald in das Glas, welches davon auf drey Viertel angefüllet wurde und mit etwas Schwefel vermischt war.

8) Ich wiederholte diesen Versuch noch einmal; ich füllte nemlich ein Glas mit dieser Luft, tröpfelte etwas von der rauchenden Salpetersäure dazu; bloss dass ich die Kugel eines

Thermometers in diesem Glase setzte. Gleich darauf fing der
Spiritus an zu steigen, und es präcipitirte sich ein gelbes
Pulver, welches Schwefel war.

9) Aus No. 4.) ist zu sehen, dass, nachdem diese Luft
verbrannt war, sich gleichfalls ein Schwefel präcipitiret hatte.
Dieses muss der flüchtige Schwefelspiritus verursacht haben,
welcher sich [161] von demjenigen Theil Schwefel, der in
Brand gerathen war, geschieden hat.

Ich füllte ein Glas mit dieser stinkenden Schwefelluft,
goss darein ein wenig von dem flüchtigen Schwefelspiritus
und vermachte es genau. Eine halbe Stunde nachhero war
das Glas inwendig mit einer gelben Schwefelhaut überzogen,
und die Luft war grösstentheils absorbiret. Ich wiederholte
eben diesen Versuch, setzte ein Thermometer in das Glas,
und sahe dass der Spiritus merklich stieg.

Ich goss etwas Areseniksäure in diese Schwefelluft. Die
Säure wurde gelb und es präcipitirte sich ein rechtes Auripig-
ment. Der dephlogisticirte Spiritus Salis absorbiret[35] auch diese
Luft, und der Schwefel präcipitiret sich. Die Salzsäure aber
ändert sie nicht.

Ich glaube also, dass, wenn dieser Luft das Phlogiston,
welches das Verbindungsmittel zwischen dem Schwefel und
der Hitze ist, entzogen wird, so wird die ganze Luft dekomponiret. Die Hitze muss sich scheiden und der Schwefel
wird präcipitiret. Hieraus ist auch abzunehmen, dass der
flüchtige Schwefelspiritus eine Anziehung zum Phlogisto haben
muss.

Da die Alkalien sowohl als der Kalch den Schwefel
nicht auflösen können, woferne sie nicht kaustisch sind, so
muss die Hitze, welche diese Salze [162] bey sich führen, die
Hauptursache seyn, dass sie mit dem Schwefel zusammen-
hangen. Wenn nun eine Art Säure, z. E. die Salzsäure,
dazu kömmt, so verbindet sich diese mit der Kalcherde oder
Alkali; sogleich wird die Hitze loss, und da man diese nicht
fühlet, so muss sie eine neue Verbindung eingehen; da sie
sich aber mit dem gleichfalls sich scheidenden Schwefel nicht
vereinigen kann, es sey dann, dass mehr Phlogiston hinzu-
kömmt, (No. 5.) so ziehet die Hitze solches von einem Theil
Schwefel zu sich und vereiniget sich alsdann mit so viel loss-
gewordenem Schwefel, als um eine stinkende Schwefelluft
hervorzubringen nöthig ist. Diese Meinung wird dadurch
noch deutlicher, weil man allemal entweder Gyps oder Tartarus

vitriolatus, wie auch Spiritus vitrioli volatilis in der Lauge antrift, nachdem der Schwefel ist präcipitiret worden: welches auch eine nothwendige Folge ist, wenn ein Theil Schwefel bey dieser Lufterzeugung dekomponiret wird. Giesst man zu einer Schwefelauflösung in Alkali viel Säure auf einmal, so entsteht weniger stinkende Luft, und man wird ein dünnes Oel in dieser Mischung gewahr; doch dieses Oel hält sich nicht beständig flüssig, sondern wird an freyer Luft bald dick und hart [36]. Es scheinet, dass die viele [163] Säure das Alkali zu geschwinde raubet, und da alsdann keine, oder nur eine geringe Dekomposition des Schwefels möglich ist, so erhält die Hitze hier zu wenig Phlogiston, um den schweren Schwefel in einen luftähnlichen Dunst auszudehnen; es ist nur bloss der Anfang dazu gemacht; es entstehet ein Oel.

Die Entstehung einer solchen Schwefelluft, aus Fettigkeiten und Schwefel, muss eben dieselbe Ursache zum Grunde haben. Ich destillirte in einer Retorte eine Mischung von Baumöl und Schwefel, und hatte eine Blase vorgebunden. Sobald es zum Kochen kam, wurde die Blase ausgedehnt. Ich erhielt eine stinkende Schwefelluft. Hier ist Schwefel, Phlogiston und Hitze zusammen; was ists denn Wunder, dass solche Luft zusammengesetzt wird? Wer mit dieser Luft Versuche anstellen will, der wird folgende Art als die beste finden. Man schmelze drey Unzen zarte Eisenfeile mit zwey Unzen Schwefel in einer Retorte zusammen; man unterhalte die Hitze so lange, bis kein Schwefel mehr in den Hals steigen will; wenn alles erkaltet, zerschlage man die Retorte; man wird finden, dass das Eisen eine Unze am Gewichte [164] zugenommen. Dieses geschwefelte Eisen solviret sich mit starker Gährung in den Säuren und man erhält lauter stinkende Schwefelluft, ohne dass etwas Schwefel zurück bleibt. Hier hat sich während dem Zusammenschmelzen das überflüssige Phlogiston vom Eisen geschieden und mit der Hitze des Feuers verbunden; dieses ist die Ursache des erscheinenden Lichtes (§ 81). Das zurückgebliebene Phlogiston ist eben die Proportion, welche sich mit der Hitze des Eisens verbindet und mit dem zugleich, durch Hülfe der Vitriolsäure, lossgewordenen Schwefel, eine stinkende Schwefelluft zuwege bringet (No. 6).

Anmerkungen.

Die »Chemische Abhandlung von der Luft und dem Feuer« ist das Hauptwerk von Carl Wilhelm Scheele, einem der begabtesten Chemiker, die je gelebt haben. In der That hat die Geschichte der Chemie kaum einen anderen Forscher aufzuweisen, bei welchem die specifisch chemische Begabung, die Fähigkeit, in jedem Vorgange das ihn auszeichnende zu sehen, und fast instinctiv die Mittel anzuwenden, durch die der vorhandene, in seinen Eigenschaften noch gar nicht bekannte Stoff wie durch eine Zauberformel zum Erscheinen gezwungen wird, in solchem Maasse entwickelt gewesen wäre, wie bei Scheele. Allerdings ist auch aus der Entwicklungsgeschichte dieses Mannes deutlich ersichtlich, durch welches Mittel die vorhandene Begabung in dieser Richtung bis zu dem ausserordentlichen Grade gesteigert werden kann, den wir an Scheele bewundern: es hat vielleicht keinen Menschen gegeben, der eine so grosse Zahl von chemischen Experimenten angestellt hat, wie er; die Laboratoriumsarbeiten erfüllten sein ganzes Sinnen und Denken, und alles übrige, woraus sich das Leben anderer Menschen zusammensetzt, berührte ihn nur wenig. So hatte er sich, durch ein ausgezeichnetes Gedächtniss für chemische Einzelheiten unterstützt, eine Summe von anschaulichen Erfahrungen erworben, welche ihn befähigten, in neuen Fällen die unbewussten Analogieschlüsse zu ziehen, in deren Bildung damals völlig und zu einem grossen Theile noch heute die auszeichnende Eigenschaft des chemischen Entdeckers beruht.

Carl Wilhelm Scheele war am 9. December 1742 in Stralsund als siebentes Kind des Joachim Christian Scheele geboren. Die Stadt war damals schwedisch, und daher pflegen ihn die Schweden als ihren Landsmann zu betrachten, zumal er den grössten Theil seines Lebens in Schweden zugebracht hat. Doch ist es keinem Zweifel unterworfen, dass das Deutsche die Muttersprache Scheeles war; aus den 1892 von Nordenskiöld herausgegebenen Briefen und Aufzeichnungen (Stockholm 1892, Nordstedt und Söner) geht hervor, dass er sich zu seinen Briefen und Laboratoriumsnotizen der deutschen Sprache bedient hat, ausser wenn er bei Briefen die Kenntniss derselben bei dem Empfänger nicht voraussetzen konnte.

Nach einem wie es scheint recht guten Elementarunterricht kam Scheele in seinem 14. Jahre auf seinen dringenden Wunsch zu dem Apotheker Bauch in Gothenburg in die Lehre, dessen Unterricht er einen guten Theil seiner Ausbildung verdankt. Schon damals beschäftigte er sich unausgesetzt mit selbständigen chemischen Experimenten, so dass sein Lehrherr ihm neben dem uneingeschränkten Lobe seines Verhaltens den Vorwurf, er arbeite zu viel heimlich, und studire zu »hohe« Bücher, nicht ersparen konnte. Hier blieb Scheele acht Jahre, worauf er nach Malmö, etwas später (1768) nach Stockholm und 1770 nach Upsala ging. Dort machte er die Bekanntschaft von Torbern Bergmann, der sich vorher sehr ablehnend gegen Scheeles Arbeiten verhalten hatte und ihm mehrere unverdiente Zurücksetzungen hat widerfahren lassen. Durch diese persönliche Berührung verbesserte Bergmann sein Urtheil über Scheele, und es entspann sich zwischen beiden eine Freundschaft, die für beide von wohlthätigen Folgen war. Stand Scheele sicher schon damals dem anderen gegenüber als der bei weitem kenntnissreichere Chemiker da, so war doch Bergmanns wissenschaftliche Bildung viel umfassender und allgemeiner, als die des Apothekerlehrlings, und Scheele hat bezüglich der Ordnung und Darstellung seiner Forschungen sicher viel von Bergmann gelernt.

Im Sommer 1775 siedelte Scheele nach der kleinen Stadt Köping über, wo er eine Apotheke übernahm; dort ist er bis zu seinen frühen Ende geblieben. Er starb am 21. Mai 1786 im Alter von 43 Jahren.

Die vorstehend wieder abgedruckte chemische Abhandlung von der Luft und dem Feuer war in ihrem experimentellen Theile zwischen 1768 und 1773 ausgeführt und zu Ende des Jahres 1775 dem Buchhändler Swederus zum Druck übergeben worden, doch zögerte sich die Fertigstellung des Buches zu Scheeles grossem Verdrusse bis zum August 1777 hinaus. Sie ist das Hauptwerk des grossen Forschers und

enthält vor allem die Entdeckung des Sauerstoffs. In Bezug
auf diese kommt ihm unzweifelhaft die Priorität vor Priestley
zu, denn aus dem oben erwähnten Briefwechsel geht mit
Sicherheit hervor, dass er bereits 1773 den Sauerstoff rein
dargestellt und untersucht hat, während Priestleys berühmtes
Experiment mit der Zersetzung des Quecksilberoxyds durch
blosse Hitze vom Jahre 1774 ist.

Eine zweite grundlegende Entdeckung in dem vorliegenden
Werke ist die von der zusammengesetzten Beschaffenheit der
Luft. Wie umgestaltend sie wirken musste, kann man sich vor-
stellen, wenn man an die durch viele Jahrhunderte unbestritten
gebliebene Meinung denkt, dass die Luft eines der vier
Elemente sei, aus denen sich die ganze Welt zusammensetzt.
Scheele hat zuerst Analysen der Luft ausgeführt und ihre
Zusammensetzung aus zwei Bestandtheilen, deren Eigenschaften
er sehr richtig angab, nachgewiesen. Dazu kommt eine un-
absehbare Fülle einzelner Beobachtungen, die allerorten ein-
gestreut sind. In den nachfolgenden Bemerkungen wird auf
die wichtigsten hingewiesen werden, doch muss naturgemäss
eine grosse Zahl derselben der Aufmerksamkeit des Lesers
überlassen bleiben.

Die chemische Abhandlung von der Luft und dem Feuer
ist, wie erwähnt, 1777 zuerst in Upsala (und Leipzig) in deut-
scher Sprache erschienen. Eine zweite Auflage wurde 1782
durch J. G. Leonhardi besorgt und mit einigen Zusätzen vermehrt; nach dieser ist, da die erste Auflage nicht zugänglich
war, der vorliegende Abdruck hergestellt worden. Die Abhandlung wurde 1780 ins Englische und 1781 ins Französische
übersetzt.

1) *Zu S. 4.* Die wichtige Frage nach dem Ersatz des
durch die Verbrennungen verbrauchten Sauerstoffs vermöge der
Wirkung der Pflanzen ist erst später durch die Arbeiten von
Senebier und Ingenhouss beantwortet worden. — Luftsäure ist
Kohlensäure.

2) *Zu S. 5.* An dieser Stelle tritt die für Scheele so be-
zeichnende Art, jeden Zweifel alsbald durch einen Versuch
zu heben, anschaulichst hervor. Nicht minder bezeichnend für
ihn ist, wie Volhard (Journ. f. pr. Chemie 2, 1. 1870.) her-
vorgehoben hat, dass er die Frage nicht durch quantitative,
sondern durch qualitative Versuche löst.

3) *Zu S. 7.* Es sind die Aristotelischen Elemente, Feuer,
Erde, Luft und Wasser, gemeint.

4) *Zu S. 11.* Hier und überall in der Folge ist die Zusammensetzung der Luft ziemlich falsch angegeben, denn sie enthält nicht, wie Scheele immer findet, $1/3$ bis $1/4$ ihres Volumens »Feuerluft« oder Sauerstoff, sondern wenig mehr, als $1/5$, nämlich 21 Volumprocent in runder Zahl. Scheele beansprucht allerdings, wie er später selbst bemerkt (S. 27), keineswegs, besondere Genauigkeit erreicht zu haben, doch ist eine so erhebliche Abweichung von der Wahrheit immerhin auffällig.

5) *Zu S. 11.* Flüchtiger Schwefelspiritus ist schweflige Säure, Weinsteinalkali Kaliumcarbonat.

6) *Zu S. 13.* Dippels Thieröl ist das Product der trockenen Destillation der rohen Knochen und stellt ein sehr zusammengesetztes Gemenge verschiedener Pyridinbasen dar, neben denen Pyrrol und andere leicht oxydirbare Stoffe vorhanden sind.

7) *Zu S. 14.* Eine salzsaure Lösung von Kupferchlorür.

8) *Zu S. 14.* Scheele hing der zu seiner Zeit ausschliesslich herrschenden Lehre vom Phlogiston an, und das Verständniss seiner Schriften ist durch diesen Umstand für den heutigen Chemiker manchen Schwierigkeiten unterworfen. Unter Phlogiston verstanden die Chemiker in der zweiten Hälfte des vorigen Jahrhunderts bekanntlich das Princip der Brennbarkeit, derart, dass bei jeder Verbrennung der Austritt, und bei jeder Reduction der Eintritt von Phlogiston angenommen wurde. Das sehr bedeutende Verdienst dieser Lehre lag darin, dass durch sie zum ersten Male die Gesammtheit der Verbrennungserscheinungen unter einen Gesichtspunkt gebracht wurde. Durch den Augenschein verleitet, der bei den bekanntesten Verbrennungen, denen des Holzes, Oels, und der organischen Stoffe überhaupt ein Verschwinden des verbrennenden Stoffes beobachten liess, nahm Stahl die Abscheidung eines Stoffes, eben des Phlogistons, bei der Verbrennung überhaupt an; und erst Lavoisier kehrte die Betrachtung um, und nahm den Zutritt eines Stoffes, des Sauerstoffes, bei der Verbrennung an.

Um die weiterhin häufig gebrauchten Ausdrücke »phlogistisirt« und »dephlogistisirt« richtig zu deuten, hat man ersteren je nach Umständen durch »des Sauerstoffs beraubt« oder »mit Wasserstoff verbunden« zu übersetzen, während dephlogistisirt »oxydirt« oder auch »des Wasserstoffs beraubt« heissen kann. So werden beispielsweise Schwefel und Phosphor als Verbindungen von Schwefelsäure und Phosphorsäure mit Phlogiston aufgefasst.

9) *Zu S. 14.* Vitriolisirter Weinstein ist Kaliumsulfat.

10) *Zu S. 23.* Der hier beschriebene Stoff ist das Stickoxyd, NO. Unter c) beschreibt Scheele die salpetrige Säure. Mit letzterer hat er sich fast seit dem Beginn seiner wissenschaftlichen Arbeiten beschäftigt; auch die Entdeckung des Sauerstoffs hat er bei Gelegenheit der Bildung des Kaliumnitrits durch Schmelzen von Salpeter gemacht.

11) *Zu S. 25.* Den heutigen Leser muthet der Gedanke Scheeles, dass der Sauerstoff »Hitze« weniger Phlogiston sei, oder dass die Hitze aus Sauerstoff und Phlogiston zusammengesetzt sei, seltsam genug an. Doch ist zum Verständniss dieser Vorstellung zu bemerken, dass erstens das Gesetz von der Erhaltung der Masse zu jener Zeit nicht bekannt war, und dass zweitens Wärme, Licht, Elektricität und ähnliche Dinge auch als Stoffe, wie ponderable Substanzen, angesehen wurden, und es daher gar keinen Anlass gab, jene von der Betrachtung der Verbindungsvorgänge auszuschliessen. In gewissem Sinne wurden jene Betrachtungen dadurch sogar vollständiger, als die heute üblichen, da dort die hochwichtigen Energieverhältnisse der Stoffe und ihrer Verbindung eine zwar noch sehr rohe, aber doch einiges wesentliche richtig darstellende Berücksichtigung erfuhren, welche Berücksichtigung später vollständig verschwand. Das Phlogiston völlig mit der Energie zu identificiren, wie das wohl gelegentlich versucht worden ist, dürfte allerdings zu recht schiefen Auffassungen der damaligen Kenntnisse führen, und kaum sich rechtfertigen lassen.

12) *Zu S. 27.* Diese Beobachtungen über das allmähliche Durchdringen der Gase durch Thierblasen dürften zu den ersten über die Erscheinungen der Gasdiffusion gehören. Sie sind wieder ein Zeichen für die ausserordentliche Beobachtungsgabe Scheeles, welcher auch die kleinsten Nebenumstände bei den von ihm untersuchten Erscheinungen nicht entgingen.

13) *Zu S. 31.* Phosphorische Urinsäure oder auch kurz Urinsäure heisst bei Scheele die Phosphorsäure.

14) *Zu S. 31.* Merkurialischer Salpeter ist Quecksilbernitrat.

15) *Zu S. 35.* Es handelt sich hier um die Verwandlung der Arsensäure in arsenige unter dem Einflusse der erhöhten Temperatur; Arsenik bedeutet arsenige Säure. Die Explosion, welche bei der Destillation der Arsensäure mit Zink eintrat, dürfte darin ihreUrsache gehabt haben, dass sich zuerst durch die Wechselwirkung der beiden Stoffe Wasserstoff gebildet hat, der sich mit dem später auftretenden Sauerstoff zu Knallgas vermischte.

16) *Zu S. 37.* Siehe Anmerkung 6.

17) *Zu S. 42.* Scheele gehört zu den ersten, die die Eigenschaften der strahlenden Energie (die noch heute uneigentlicher Weise strahlende Wärme genannt wird), experimentell untersucht, und sie von der gewöhnlichen, eigentlichen Wärme vorgfältig unterschieden hat. Auch in diesem mehr physikalischen Theile der Untersuchung tritt die Unerschöpflichkeit von Scheeles experimenteller Begabung, die ihm gestattet, mit den geringsten Mitteln bestimmt gestellte Fragen ebenso bestimmt zu beantworten, wieder glänzend hervor.

18) *Zu S. 48.* Die erste Beobachtung der Lichtempfindlichkeit der Silbersalze ist von J. H. Schulze, Professor der Medicin und der classischen Sprachen in Altorf, später in Halle, 1727 gemacht worden. Schulze wendete dabei das hier von Scheele erwähnte Gemisch von Kreide und Silbernitrat an. Seine weiteren Versuche führte Scheele, wie aus dem Text hervorgeht, mit reinem Chlorsilber aus, und stellte dabei sachgemäss fest, dass es sich um eine wirkliche Reduction zu metallischem Silber handelt.

19) *Zu S. 54.* Diese Beobachtung, dass die verschiedenen Strahlen des weissen Lichtes auf das Chlorsilber verschieden wirken, ist der Anfang der Spectralphotographie; die Existenz chemisch wirksamer Strahlen ausserhalb des sichtbaren Spectrums wurde im Jahre 1800 von Ritter nachgewiesen.

20) *Zu S. 62.* Es ist hier das Fluorsilicium gemeint, welches sich bei der Destillation des Flussspathes mit Schwefelsäure aus gläsernen Retorten entwickelt, und mit Wasser sich zu Kieselflusssäure und Kieselsäure umsetzt. Scheele hat auch später sich mit dieser Säure beschäftigt, ohne jedoch die vorkommenden Erscheinungen vollständig aufklären zu können; dies ist erst Berzelius gelungen.

21) *Zu S. 68.* Aus diesen Bemerkungen geht hervor, dass Scheele die Ursache der durch Kupfer- und Natriumsalze verursachten Flammenfärbungen genau kannte.

22) *Zu S. 64 und 69.* Der Bononische Phosphor ist Schwefelbaryum, der Balduinische ist der Rückstand vom Glühen der Calciumnitrats.

23) *Zu S. 72.* Der Pyrophor wird erhalten, indem man Alaun mit Kohle glüht und das Product, sowie fein zertheiltes Schwefelkalium, neben Thonerde und überschüssiger Kohle, unter Luftabschluss erkalten lässt. Beim Ausschütten an die

Luft entzündet sich dasselbe unter Oxydation des Schwefelkaliums; daher der Name.

24) *Zu S. 73.* Tartarus vitriolatus ist Kaliumsulfat.

25) *Zu S. 76.* Crocus Martis ist Eisenoxyd.

26) *Zu S. 77.* Dephlogistisirte Salzsäure ist Chlor; auch dieser Stoff ist von Scheele entdeckt worden.

27) *Zu S. 78.* Glaubers Salmiak ist Ammoniumsulfat. Nitrum flammans (S. 80) Ammoniumnitrat.

28) *Zu S. 89.* Die hier mitgetheilten Versuche sind schwer verständlich und widersprechen dem, was jetzt bekannt ist. Das nachfolgend beschriebene Experiment mit dem Athmen von Wasserstoff ist auch einigermaassen auffällig, da man es sich nicht denken kann, dass Scheele reinen Wasserstoff wirklich zwanzig Mal hintereinander geathmet hat. Jedenfalls war aus dem Gase, das er schliesslich aus seinen Lungen entleert hat, der Wasserstoff durch Diffusion verschwunden.

29) *Zu S. 95.* Fixer Salmiak ist Chlorcalcium.

30) *Zu S. 97.* Hier hat Scheele die erst in neuester Zeit wieder untersuchte Erscheinung gesehen, dass ganz trockener Aetzkalk chemisch sehr indifferent ist, und seine Reactionsfähigkeit erst durch den Zutritt von etwas Wasser erhält.

31) *Zu S. 101.* Es handelt sich hier um die Reduction des Kohlendioxyds durch Kohle zu Kohlenoxyd. Scheele versieht sich bei seinem Erklärungsversuch, indem er die Mitwirkung des in der Asche vorhandenen Kaliumcarbonats in Anspruch nimmt.

32) *Zu S. 102.* Hier finden sich Angaben über die von Scheele beobachtete Bildung von Arsenwasserstoff.

33) *Zu S. 102.* Unter stinkender Schwefelluft versteht Scheele den Schwefelwasserstoff.

34) *Zu S. 102.* Es ist offenbar geglühter Weinstein, d. h. Kaliumcarbonat gemeint.

35) *Zu S. 104.* Dephlogistisirter Spiritus Salis ist Chlor.

36) *Zu S. 105.* Scheele hat hier das flüssige Wasserstoffpersulfid, H_2S_n in Händen gehabt und wohl als Erster seine Eigenschaften beschrieben.

W. Ostwald.

Druck von Breitkopf & Härtel in Leipzig.